LOVE REMEDIES

Essenzen der Liebe

Harald W. Tietze

Ingfried Hobert

Juta Stepanovs

HANS-NIETSCH-VERLAG

Die in diesem Buch vorgestellten Informationen sind sorgfältig recherchiert und werden nach bestem Wissen und Gewissen weitergegeben. Krankheiten und Krankheitssymptome sind hier genannt, um ein ganzheitliches Verständnis des Menschen zu ermöglichen. Keinesfalls soll dadurch der Besuch bei einem Arzt oder Heilpraktiker ersetzt werden. Daher übernehmen Autoren und Verlag keine Haftung für Ansprüche, die im Zusammenhang mit der Anwendung oder Verwertung der Angaben in diesem Buch gemacht werden.

Aus dem Englischen von Harald W. Tietze
Titel der Originalausgabe:
Love Remedies – Stepanovs Method
© Harald W. Tietze Publishing

© für die deutsche Ausgabe
2002 by Hans-Nietsch-Verlag
Alle Rechte vorbehalten.
Nachdruck, auch auszugsweise, nur mit
ausdrücklicher Genehmigung des Verlages gestattet.

Lektorat: Thomas Menzel
Umschlaggestaltung, Layout und Satz: Kurt Liebig

Hans-Nietsch-Verlag
Poststr. 3 · D-79098 Freiburg
Internet: www.nietsch.de
E-Mail: info@nietsch.de

ISBN: 978-3-934647-46-6

Inhalt

Vorwort

Von Juta Stepanovs

WILDBLÜTEN UND LOVE REMEDIES haben mein Leben grundlegend verändert. Sie können auch Ihnen einen Neuanfang schenken! Die Anwendung der Love Remedies hat mir, einer einst scheuen, zurückhaltenden Frau, geholfen, einen großen Schritt vorwärts zu gehen und in vielen Ländern und vor vielen Menschen über diese Essenzen zu sprechen. Love Remedies heilen unsere Emotionen und unsere Seele, so daß Sie durch die Einnahme Ihres persönlichen Heilmittels Ihr Leben neu gestalten können. Love Remedies heilen mit Hilfe der Natur, die Ihnen bedingungslose Liebe für sich und andere schenkt.

Die Love Remedies, Essenzen von lebenden Wildblüten, wurden unerwartet geboren, als sich mein Kollege Harald Tietze, Dr. Ingfried Hobert und ich 1996 das erste Mal begegneten. Ingfried, ein deutscher Arzt und Autor, der Schulmedizin mit ganzheitlichen Heilverfahren verbindet, arbeitete damals an einem Buch über Heilmethoden der Ureinwohner Australiens. Er traf Harald, weil er viel über Haralds Wissen im Zusammenhang mit Heilkräutern und alternativer Heilkunde gehört hatte. Harald hatte damals schon viele Bücher über natürliche Heilmittel geschrieben. Noch wichtiger war allerdings, daß Harald gute Kontakte zu den Aborigines und ihren Heilern hat.

Der Grundstein für die Love Remedies wurde während unseres Besuches bei Eddi Kneebone gelegt, einem sehr bekannten Aborigine in Victoria. Eddi ist eine „wandelnde Enzyklopädie" mit einem enormen Wissen über die Kultur und Geschichte seines Volkes. Er erklärte uns verschiedene Methoden, die die Ureinwohner zur Behandlung von Krankheiten verwendeten. Er zeigte uns auch, wie die Aborigines ein Heilmittel aus der Blüte der Bottle Brush herstellten, wobei sie mit zwei Gefäßen fortlaufend Wasser über die Blüten am Busch gossen und wieder auffingen, ohne die Blüten abzuschneiden. Dieser Hinweis auf ein

Heilmittel aus lebenden Blüten faszinierte mich. „Was für eine schöne, respektvolle Art, Pflanzen zu behandeln", war mein erster Gedanke, und: „Man kann sogar die gleiche Blüte nach einigen Tagen erneut verwenden, weil der Lebenszyklus nicht gestört wird." Mir wurde klar, daß die Aborigines durch das Trinken des Wassers nicht nur die Pollen und den Nektar der Blüten zu sich nahmen, sondern auch ihre Energie, ihre Heilschwingung, erhielten.

Diese Erfahrung ließ alte offene Fragen, die ich über das Heilen hatte, wieder in mein Bewußtsein treten. Dr. Bachs Arbeit hatte mich schon lange inspiriert und mir eine neue Welt eröffnet. Durch ihn hatte ich auch verstanden, daß der Schlüssel zur Gesundheit im Meistern unserer Gefühle liegt. Aber ich hatte immer noch Schwierigkeiten, die grundlegenden Zusammenhänge zu verstehen. Wie geschieht Heilung wirklich? Mein Interesse an Blütenessenzen wurde durch Ingfried und Harald noch verstärkt und meine Suche nach Antworten über sanfte Heilmethoden immer dringlicher.

Meine Hauptfrage im Zusammenhang mit Blütenessenzen war: Wie kann man die Heilungsfrequenzen einer Pflanze am besten auf den Menschen übertragen? Wenn man davon ausgeht, daß Blütenessenzen Heilung über die emotionale und geistige Ebene bringen, mußte meiner Meinung nach auch das Heilmittel eine möglichst hochschwingende positive Frequenz haben. Und: Beeinflußt die negative Energie einer abgeschnittenen Blüte, die dadurch ja einen Schock erleidet, nicht auch die Heilschwingung der Blütenessenz?

Harald meinte, als ich ihm meine Bedenken erläuterte, daß ich nicht klagen sollte, wenn ich keine bessere Methode anzubieten hätte. Spontan, ohne darüber nachzudenken, erwiderte ich, daß man doch die Essenz von den Blüten extrahieren könne, während diese noch lebendig an der Pflanze sind.

„Wie stellst du dir das konkret vor?", war Haralds Einwand. Intuitiv meinte ich sofort, daß wir Behälter über die Blüten stülpen und auf diese Weise die Essenz extrahieren könnten, wodurch die Blüte unversehrt bliebe und ihre Aufgabe vollenden könnte.

Harald schaute mich überrascht an und sagte, daß dies eine glänzende Idee sei; wir müßten diese Möglichkeit unbedingt überprüfen. Schon am nächsten Morgen wählten wir einige Pflanzen aus, erbaten Erlaubnis von diesen und brachten dann Behälter an, um die Essenz zu extrahieren. Wir haben mit großem Interesse die Geburt der neuen Essenzen beobachtet.

Einige Pflanzen haben uns innerhalb weniger Stunden mehrere Tropfen ihrer Essenz gegeben, andere nur wenige Tropfen nach einem ganzen Tag. Alle Pflanzen sind verschieden in ihrer Abgabe. Wir lernten sehr schnell, daß dies ein sehr langsames, zeitraubendes Verfahren ist.

Nachdem wir die ersten Essenzen hergestellt hatten, hat Harald voller Begeisterung Ingfried von unserer Entwicklung berichtet. Ingfried und Harald haben dann vorgeschlagen, dieses neue Verfahren die *Stepanovs-Methode* zu nennen. So wurde sie auf meinen Namen getauft.

Zu dieser Zeit konnte ich mir noch nicht vorstellen, was sich hier entwickelte, aber bevor es mir richtig klar wurde, waren wir schon tief im australischen Busch und erzeugten diese wunderbaren Essenzen. Harald Tietze, mit dem ich die Love Remedies herstelle, und ich sind etwa 25 000 Kilometer durch ganz Australien gereist, um die richtigen Wildblüten zu finden und die Essenzen zu ernten.

Es war die aufregendste und nützlichste Reise meines Lebens. Ich habe die Natur mit neuen Augen sehen gelernt. Die Fülle und die Schönheit der australischen Wildblüten hat mich sehr berührt. Ich erlebte, wie mir die Blüten erlaubten, Kontakt aufzunehmen, und wie sie mich über mich selbst belehrten, und ich lernte, die Geschenke der Natur dankbar anzunehmen. Ich kam mir vor, als wäre ich über die vielen Jahre hinweg mit geschlossenen Augen herumgelaufen. Ich hatte nun meine Aufgabe, mein Ziel gefunden und konnte zu meinem vollen Potential erwachen. Die Love Remedies haben mir den Weg gezeigt, mich selbst zu entdecken, und mir geholfen, bedingungslose Liebe zu leben. Mir wurde gezeigt, die Blüten zu respektieren, und ich entdeckte, wie durch Achtung des Lebens der Blüte und deren Aufgabe ein unvergleichlich hochwertiges Heilmittel gewonnen werden kann.

Meine Aufgabe ist es, die Love Remedies mit allen Menschen zu teilen, damit wir alle in einer Welt bedingungsloser Liebe leben können. Wir haben den Namen Love Remedies gewählt, um damit unseren Respekt für die Natur auszudrücken. Die Stepanovs-Methode bedeutet, daß die Pflanzen uns ihre lebenden Essenzen mit LIEBE (und nicht traumatisiert) geben und daß die Energie, die wir erhalten, LIEBE ist.

Das Auswählen Ihrer persönlichen Blütenessenz ist eine intuitive Übung. Einige von uns haben ihre intuitiven Fähigkeiten, ihren Zugang zum höheren Selbst, abgeschaltet oder unterdrückt. Die Love Remedies helfen Ihnen, Ihre Intuition zum Nutzen Ihres eigenen Wohls, für Ihren Körper und Ihr Leben neu zu entdecken.

Die Heilkraft aus dem Outback

Von Dr. med. Ingfried Hobert

„Nur in eine zuvor vollständig geleerte Schale kann man frisches leben-diges Wasser einfüllen – wer sagt, daß er schon alles weiß, in dessen Schale ist kein Platz für Neues."

Buddhistische Weisheit

ES GIBT NOCH UNENDLICH viel Geheimnisvolles zwischen Himmel und Erde, das mit den bislang gültigen Gesetzen nie rational erklärbar sein wird. Daher suche und finde ich in alten Kulturen sowie deren traditionellen Zeremonien und Heilweisen Antworten auf viele Fragen. Ich möchte den geheimnisvollen Energien auf die Spur kommen, die für das Leben und für unsere Existenz notwendig sind.

Viele von uns streben nach Wissen und Wahrheit. Es ist ein spiritueller Weg, eine Suche nach dem Sinn unseres Lebens innerhalb der Geheim-nisse des Universums. Wer sich in diese Geheimnisse wagen will, muß offen dafür sein, rationale Zweifel über Bord zu werfen und mit Mut und Entschlossenheit aus der Dunkelheit ins Licht zu treten. Voller Klarheit wird er dort die Gesetzmäßigkeiten des Kosmos erkennen und verstehen.

Schamanen und Medizinmänner der letzten heute noch existierenden Naturvölker wissen schon seit Urzeiten um die geheimnisvollen Kräfte, die das Leben steuern. Der Schamanismus ist nicht nur das älteste Heil-system der Menschheit, sondern gerade heute erweist er sich als ein gro-ßes mentales Abenteuer. Durch ihn können wir eine neue Wirklichkeit entdecken und Kraft schöpfen, für Gesundheit und Lebensfreude. Besonders der australische Schamanismus gilt als äußerst wirksame Heil-methode, um die abhanden gekommene Verbundenheit des Menschen mit der Natur und der Schöpfung wiederherzustellen und um Lebens- und Gesundheitsprobleme zu lösen.

Auf der Suche nach dieser Quelle der Gesundheit und Lebenskraft, dem „Natural Spirit", zog es mich unweigerlich nach Australien, dem geheimnisvollsten und urtümlichsten aller Kontinente. Die Ureinwohner Australiens, die Aborigines, hatten mich schon immer fasziniert. Von ihnen hoffte ich etwas über die Urkraft des Lebens und ihre geheimnisvollen Gesetze zu erfahren. Ich war mir sicher, diesen dort näher zu sein als irgendwo sonst auf der Welt. Nur dort noch gibt es Stämme, die bewußt und mit eisernem Stolz an ihren jahrtausendealten Bräuchen und Traditionen festhalten – trotz der Verlockungen der sie umgebenden Zivilisation. Ihr Glaube an den „Great Spirit" und seine Lebensgesetze wird seit über 50 000 Jahren von Generation zu Generation weitergegeben und beinhaltet Weisheit und ein tiefes Naturverständnis. Diesem Wissen hatten es die ersten Ureinwohnern zu verdanken, daß sie die Herausforderung des Überlebens auf diesem harten Kontinent meistern konnten.

Für die Aborigines hat das Land seit jeher eine dynamische schöpferische Kraft. Es ist Land aus der Ursprungzeit der Schöpfung. Es ist lebendiges Land, welches aus Himmel, Wolken, Flüssen, Bäumen, Wind, aus Erde und Sand und einem alles durchströmenden Spirit besteht.

„Es ist etwas, aber es ist doch kein Ding, es ist eine lebendige Einheit. Es gehört untrennbar zu mir, und ich gehöre dem Land. Ich ruhe darin, ich komme von dort", sagte uns Guboo Ted Thomas, ein Yuin-Schamane, den ich gemeinsam mit Juta und Harald traf.

Kaum ein anderes Volk auf der Erde ist derart fest mit seinem Land verwurzelt wie die Aborigines, und kaum einem Volk gelingt es, derart rein und klar die geheimnisvolle Energie aus der Traumzeit, der Zeit vor der Zeit, mit all ihrer Weisheit lebendig zu erhalten. Der Traum ist es, der in unvergleichlicher Weise dieses Volk direkt mit dem Spirit des Landes und der Ahnen verbindet. In ihm ist das geballte Wissen der Schöpfung vereinigt. Gelingt es, diesen Traum wachzurufen, diese Verbindung herzustellen, so kommt dies einem Ankoppeln an die Schöpferkraft gleich und bedeutet somit Gesundheit, Wohlbefinden und ewiges Leben. Mit dieser Energie in Verbindung zu treten kann nicht nur durch Rituale oder Meditationen geschehen: Allein das behutsame Berühren von lebenden Buschblüten – oder noch besser: das Einnehmen von Love Remedies – schafft schon den Kontakt. Es sind die in den Love Remedies enthaltenen Schwingungen der Naturkraft, die sich nach homöopathischen Prinzipien im Körper ausbreiten und wohltuende heilende Effekte ausüben.

Die Wirkungsweise von Blütenessenzen

DIE ANWENDUNG VON BLÜTEN und ihren heilenden Energien ist in allen Kulturen der Erde zu finden. Die Aborigines erkannten schon vor Tausenden von Jahren die vitalisierende Kraft von Blüten. Sie aßen diese frisch gepflückt, wenn sie sich in der Sonne zur Gänze geöffnet hatten. So profitierten sie zugleich von der gespeicherten Sonnenenergie wie auch von dem Nährwert der Pflanze. Oft aßen sie sogar die ganze Pflanze. Das Essen der Blüten wurde bei vielen Aboriginesstämmen als ein besonderes Ritual betrachtet. Besonders zur Behandlung von emotionalen Problemen und innerem Ungleichgewicht nutzten sie die Heilschwingungen der Blüten, indem sie sie, entsprechend den Anweisungen der Kräuterfrauen, aßen.

Heutzutage wird von vielen Menschen die Wirksamkeit von aus Blüten hergestellten Essenzen bestätigt: Viele Ärzte, Heilpraktiker, Kinesiologen, Psychologen, Lebensberater und andere, die in diesem Bereich arbeiten, verwenden solche Essenzen bei Heilbehandlungen. Sogar das Ambulanzpersonal in englischen Krankenhäusern hat Dr. Bachs Rescue Remedy im „Erste-Hilfe-Koffer", weil diese Blütenessenz bei Schock Hilfe bringt. Nicht ohne Grund wurden während der letzten 20 Jahre viele neue Blütenessenzen geboren, die Pflanzenblüten aus aller Welt, wie z.B. aus Alaska und dem Himalaya, verwenden.

Blütenessenzen – heilende Schwingungen

Bevor wir uns näher mit Blütenessenzen beschäftigen, ist es wichtig, daß wir uns erst der Welt, aus der sie stammen, bewußt werden. Es ist die Welt der Quantenphysik. Forscher wissen heute, daß alles in diesem Universum - sei es „tote" oder lebendige Materie - Energie ist und jeweils eine bestimmte Schwingung hat. Jedes Leben besteht nur, weil es von dieser vitalen Lebensenergie durchdrungen ist. Die Inder nannten diese Energie „Prana" und die Chinesen „Qi". Diese Völker haben ihre Heilkonzepte auf der Harmonisierung des Energiehaushalts von Körper, Geist und Seele aufgebaut. Homöopathie, Akupunktur, TaiChi, Yoga, Meditation und Kinesiologie arbeiten alle mit diesem Prinzip.

Heute wissen wir, daß Blüten mit ihren bezaubernden Düften, Formen und Farben nicht nur die schönste Ausdrucksform der Pflanzen sind, sondern auch Schwingungen und Energien aussenden, die heilende Wirkungen entfalten. Mit Farbe und Form reflektieren die Blüten bestimmte Schwingungsfrequenzen des Lichtes. Mit Hilfe sensibler und doch einfacher Techniken haben wir die Möglichkeit, diese Energien einzufangen und zur Harmonisierung für Menschen, Tiere und Pflanzen einzusetzen.

Die aus Blüten hergestellten Essenzen heilen auf der Energieebene. Sie tragen die Informationen und Energie der Blüten und ihrer Umwelt, die in Wasser und Alkohol (in Indien auch Essig) gespeichert werden. Jede Blüte hat ihre besonderen Merkmale. Sie hat ihre eigenen einmaligen Informationen und gleichzeitig die spezifischen Informationen des Ortes, an dem die Pflanze wächst. Sie sind für uns ein heilendes Geschenk der Natur.

Blütenessenzen gehören einem besonderen Zweig des Energieheilens, der Schwingungsmedizin an. Diese Form des Heilens mit Schwingungen wird zunehmend als die Medizin der Zukunft erkannt. Alle Dinge in der Natur haben eine Energie, die mit einer spezifischen Frequenz schwingt. Diese Heilweisen benutzen die Frequenzen der Natur, wie z.B. Töne, Magnete und Blüten, um unseren Körper zu beeinflussen und in eine gesunde Schwingung zu versetzen. Ebenso haben alle unsere Körperzellen eine Eigenschwingung. Die Frequenz aller unserer Zellen erzeugt ein Energiefeld, unsere Aura. Wenn alle Zellen in unserem Körper harmonisch schwingen, sind wir gesund. Aber wenn sie disharmonisch schwingen, sind wir krank. Unsere Gedanken und Gefühle haben ebenfalls eine eigene Energie mit spezifischen Frequenzen: Wenn wir unter Streß stehen oder Schmerzen haben, entstehen Energieblockaden, die Krankheiten verursachen können.

Gedanken allein können Gesundheit schaffen oder Ursache für Krankheit oder sogar Tod sein. Ein extremes Beispiel dafür ist das „point the bone", mit dem die australischen Ureinwohner ihre Übeltäter bestrafen. Wenn Verurteilten „der Knochen gezeigt wird", sterben diese ohne jeglichen ersichtlichen äußeren Grund, auch wenn sie noch so gesund und jung sind, einfach weil sie daran glauben. Sie töten sich also selbst durch ihre eigenen Gedanken! Aber auch ohne solche dramatischen Beispiele gibt es wissenschaftliche Beweise, welche die Kraft unserer Gedanken deutlich machen.

Blütenessenzen und die Prinzipien der Selbstheilung

Blütenessenzen beeinflussen unsere Gedanken und Gefühle positiv, so daß dadurch sogar physische Krankheiten heilen können. Blütenessenzen helfen uns, unsere intuitiven Wünsche zu verwirklichen und unsere schöpferischen Fähigkeiten zu entwickeln. Sie wirken negativem Denken entgegen und unterstützen positive Werte wie Liebe, Verständnis und Toleranz.

Sie unterstützen Selbstheilung durch Ermutigung zur Selbstanalyse, damit wir unsere Probleme erkennen und verstehen können. Sie klären das Bewußtsein und ermöglichen, den eigenen Lebensplan zu verstehen. Sie zeigen uns den Sinn und das Ziel unseres Lebens. Sie geben Mut und Vertrauen, die notwendigen Schritte zur Selbstfindung bewußt zu gehen.

Blütenessenzen ermöglichen wahre Heilung, da mit ihrer Hilfe die emotionale Balance wiederhergestellt wird. Die Wirksamkeit der Blütenessenzen hängt allerdings auch von der Willenskraft der jeweiligen Person ab, die den Mut haben muß, aufzustehen und das zu tun, was sie wirklich tun möchte, im Vertrauen, daß dies richtig ist.

Obwohl viele alte Kulturen verschiedene Formen von Blütenessenzen zum Heilen verwendet haben, wurde bei uns diese Möglichkeit lange nicht erkannt und übersehen, bis Dr. Bach (1886-1936) die Blütenessenzen wiederentdeckte. Seine Arbeit stellte einen großen medizinischen Durchbruch dar. Er glaubte, daß Gesundheit das Ergebnis emotionaler, geistiger und spiritueller Harmonie sei.

Für Bach ist die wahre Ursache von Krankheit ein Konflikt zwischen Seele und Geist. Dieser Konflikt manifestiert sich in Deformationen im Energiefeld unseres Körpers und hat eine negative Wirkung auf die ganze Psyche der Person. Heutzutage nennen wir diesen Konflikt Streß, und viele von uns nehmen an, daß dieser Streß unser Immunsystem schwächt und Krankheit verursacht.

Bach glaubte, daß solcher Streß durch die Verwendung von Blütenessenzen gelöst werden könnte. Die Essenzen würden auch die Stimmung heben und die Verbindung zum höheren Selbst wiederherstellen. Daher sagte er: „Das größte Geschenk, das Sie anderen und sich selbst machen können, ist selbst hoffnungsvoll und froh zu sein, um sich aus Abhängigkeiten zu befreien. Die Wirkungsweise der Blütenessenzen hebt die Schwingungen, so daß wir uns für unser höheres Selbst öffnen... Sie können, wie schöne Musik, uns unserer Seele näher und uns dadurch Frieden bringen und uns von unseren Leiden befreien. Sie heilen nicht durch Angreifen der Krankheit, sondern durch die höhere Natur, in deren Gegenwart Krankheit wie Schnee in der Sonne schmilzt. Es gibt keine Heilung ohne Änderung der Einstellung.“

Wie heilen Blütenessenzen?

Blütenessenzen schaffen einen geistigen und emotionalen Energieausgleich in unserem Körper. Laut Gurudas, dem Autor der Bücher „Heilung durch die Schwingung der Blütenessenzen“ und „The Spiritual Properties of Herbs“, nehmen wir die Blütenessenzen in unser Blut auf, gleichgültig ob wir sie innerlich oder äußerlich über die Haut anwenden. Die Blütenessenzen schaffen ein elektromagnetisches Feld und aktivieren die Meridiane. Sie stärken und balancieren die Chakren, die Energiezentren unseres Körpers. Die Chakren korrespondieren eng mit dem endokrinen System unseres Körpers, welches alle hormonellen Abläufe steuert und unsere geistigen, körperlichen und emotionalen Funktionen beeinflußt.

Die Blütenessenzen wirken durch das Prinzip der Resonanz auf unser Energiesystem, und somit auf die Chakren, Meridiane und auch die Aura. Alle lebenden Dinge in der Natur beeinflussen sich gegenseitig, indem sie sich aufeinander „einstimmen“ oder miteinander in harmonischer Resonanz schwingen. Zum Beispiel können wir unsere Radios auf besondere Stationen einstimmen, weil wir die Kristalle des Radios auf die Frequenz des Radiosenders einstellen. Ähnlich ist es mit zwei gleichen mechanischen Standuhren, deren Pendel in unterschiedlichem Takt schwingen: Stehen sie nahe beieinander, werden sie sich nach einiger Zeit im Gleichtakt bewegen.

Das gleiche gilt für Blütenessenzen, die unseren Körper sanft, harmonisch und zugleich kraftvoll beeinflussen, indem ihre heilende Energie in unserem Körper schwingt. Obwohl viele Forscher und Heiler Tausende von überzeugenden Heilerfolgen mit Blütenessenzen vorweisen können, vermögen moderne wissenschaftliche Untersuchungen weder die Wirksamkeit von Blütenessenzen zu belegen noch zu widerlegen. Dies liegt darin begründet, daß die Wissenschaft noch kein technisches Mittel hat, die „wirksamen Bestandteile" von Blütenessenzen zu erforschen, genauso wie sie keine technischen Mittel hat, die Seele und die Lebensenergie zu messen. Es ist die Aufgabe der modernen Medizin herauszufinden, warum Blütenessenzen positive Heilergebnisse bringen. Für uns anderen ist es nur wichtig, daß Blütenessenzen ganzheitliche Heilung möglich machen.

Die Herstellung von Blütenessenzen und Love Remedies

BLÜTENESSENZEN VERKÖRPERN nicht nur die Heilenergie des Pflanzenreichs, sondern tragen auch die Kraft der Naturelemente in sich. Die lebensspendende Energie der Sonne (und manchmal sogar des Mondes) ist bei der Erzeugung von Blütenessenzen grundlegend. Die Erde steuert ebenso einen Teil der Heilfrequenz bei, weil sie die Pflanze ernährt; genauso die Luft um die Pflanze, die sie am Leben erhält. Auch Wasser ist ein sehr wichtiger Bestandteil, weil es die Informationen speichert und damit als Bote agiert. Traditionell wurden Blütenessenzen aus abgeschnittenen Blüten (und anderen Pflanzenteilen) hergestellt, die in Wasser gelegt und dann der Sonne ausgesetzt wurden. Mit der neu entdeckten Stepanovs-Methode wird die Essenz von der lebenden Pflanze extrahiert, ohne sie in irgendeiner Weise zu verletzen, sie in ihrem Wachstum zu stören oder ihre Aufgabe zu beeinflussen. Dies hat einen positiven Einfluß auf die Pflanze und die Umwelt, und es stärkt die Kraft und die Heilwirkung der Blütenessenzen.

Um zu verstehen, wie sehr sich die Stepanovs-Methode von anderen Methoden unterscheidet, müssen wir zuerst wissen, wie Blütenessenzen üblicherweise gemacht werden.

Eine Auswahl bisheriger Methoden

Die Sonnen-Methode

Bach verwendete abgeschnittene Blüten, die, in Wasser liegend, in praller Sonne nach etwa drei Stunden verwelken. Er ging davon aus, daß sich dann die Kraft der Blüten auf das Wasser übertragen habe. Die Sonne Australiens ist wesentlich stärker als in England, auch die Blüten sind anders. Für manche Blüten ist es völlig gleichgültig, ob diese Wasser zur Verfügung haben oder nicht, wie es z.B. beim Hibiskus der Fall ist. Man kann solche Blüten morgens pflücken und einige davon ins Wasser legen, andere einfach auf den Tisch. Alle Blüten werden während des Tages gleich gut aussehen und erst am Abend verwelken. Auch andere Blüten Australiens verwelken nicht nach drei Stunden starker Sonneneinstrahlung – mit oder ohne Wasser. Aber auch wenn sie nicht verwelken, übernimmt das Wasser die Frequenz der Blüten.

Die Kochmethode

Die Sonne scheint auch im Winter in Australien so stark, daß die Kochmethode nicht angewendet zu werden braucht. Bach hat diese Methode für bestimmte Blüten benutzt, insbesondere für Blüten von Bäumen. Die Blüten, aber auch Blätter und Zweige werden in einem Topf ohne Deckel für eine halbe Stunde gekocht. Der Topf wird dann zum Abkühlen ins Kalte gestellt. Danach werden die Blüten, Blätter und Zweige entfernt. Zum Schluß wird die Flüssigkeit dann gefiltert und konserviert.

Die Sonne-und-Mond-Methode

Bei dieser traditionellen Methode legt man die Blüten in ein Glas, und gibt so viel Wasser hinzu, daß die Blüten gut bedeckt sind. Der Glasbehälter sollte nicht verschlossen, sondern nur mit einem Tuch bedeckt sein, das man mit einem Gummiring oben am Glasrand befestigt, damit keine Insekten ins Glas kommen. Für 24 Stunden wird nun das Glas in natürliches Licht gestellt. Selbst an einem bedeckten Tag reicht das Sonnenlicht aus. Über Nacht soll Mondlicht einwirken. Mondlicht ist reflektiertes Sonnenlicht. Nach 24 Stunden ist die Essenz fertig. Sie wird nicht nur für die Gesundheit empfohlen, sondern auch, um reich zu werden. Man darf dieses Anwendungsziel natürlich nicht falsch interpretieren, denn Reichtum wird bei Naturvölkern mit Gesundheit gleichgesetzt: Ein gesunder Mensch kann jagen, fischen, die Früchte der Natur ernten und sich verteidigen.

Die Jan-Trenorden-Methode

Jan Trenorden hat ebenfalls Pionierarbeit auf dem Gebiet der Blütenessenzen geleistet. Sie verwendet nicht nur die Blüten, sondern alle wertvollen Pflanzenteile. Sicherlich ist die Blütezeit ein wichtiger Abschnitt im Leben einer Pflanze, die anderen Lebensabschnitte sind aber ebenso wichtig. Dies gilt z.B. für die Reifezeit der Samen, denn hier konzentriert sich die Pflanze auf die Arterhaltung und gibt die gesamte verfügbare Kraft in die Saat.

Jan Trenorden entfernt nicht die Blüten oder Blätter von der Pflanze, sondern hängt mit Wasser gefüllte Gefäße an die Pflanze und biegt die Blüten oder Blätter hinein. Jan Trenorden empfiehlt bei vielen Krankheiten, neben der Blüte auch andere Pflanzenteile oder sogar die ganze Pflanze für Essenzen zu verwenden.

Um eine Essenz herzustellen, füllt man einen Tontopf (nicht mit bleihaltiger Lackierung) mit reinem Wasser (kein Leitungswasser). Es muß nicht unbedingt ein Tontopf sein, man kann auch ein neues Einweckglas verwenden. Für Blütenessenzen nimmt man die Blüten und taucht sie in den Behälter, auf welchen die Sonne einwirken soll.

Die Stepanovs-Methode – eine Antwort auf die Fragen unserer Zeit

Die Stepanovs-Methode, mit der die Love Remedies hergestellt werden, ist eine der Antworten auf die Herausforderungen, denen wir in diesem neuen Jahrtausend gegenüberstehen. Im Hinblick auf die gegenwärtigen Umweltbelastungen wollte Juta eine verbesserte Methode für die Herstellung von Blütenessenzen entwickeln, die noch sanfter zu den Blüten ist und unsere Umwelt nicht negativ beeinflußt.

In unserer jetzigen Zeit vermehrter emotionaler Spannungen, von Konflikten in uns selbst und Kriegen, die immer neu in vielen Teilen der Welt aufflammen, suchte Juta nach einem Gegenpol des Friedens, einem Heilmittel, welches von den Pflanzen ohne jeglichen Streß, sondern mit Liebe gegeben wird und uns großzügig uneingeschränkte Heilenergie schenkt. In einer Zeit, wo viele von uns unter dem täglichem Lebenskampf leiden, mußte es einen Weg geben, mehr Lebensfreude in den Alltag zu bringen: Sie fand die nun nach ihr benannte Stepanovs-Methode. Diese Form der Gewinnung von Essenzen ist „friedlich", denn es werden keine Pflanzenteile abgeschnitten. Das Trauma der Pflanze würde sich auf die Blütenessenzen übertragen, was die Heilkraft der Essenzen stark beeinflussen würde. Diese friedliche und liebevolle Methode macht die Love Remedies zu einem Heilmittel, das wie kaum ein anderes zu unserer Zeit gehört.

Die Stepanovs-Methode ist von der rücksichtsvollen Verwendung der Pflanzen durch die Aborigines inspiriert. Beim Herstellen einiger Heilmittel hatten die Ureinwohner die Blüten nicht abgeschnitten, sondern mit zwei Gefäßen fortlaufend Wasser über die Blüte gegossen. Das Wunderbare der Stepanovs-Methode ist, daß kein Teil der Pflanze beschädigt wird, um das Heilmittel zu gewinnen. Es wird aber auch kein Wasser hinzugefügt, wie es bei den bisherigen Verfahren der Fall war. Statt dessen werden Behälter an Blüten und Blätter befestigt. In diesen kondensiert das Wasser, welches die Pflanze tief aus der Erde hervorbringt. Danach werden die Behälter abgenommen, und die Pflanze kann mit ihrer Aufgabe uneingeschränkt fortfahren.

In den vergangenen Jahren, als Juta mit Pflanzen und als Aromatherapeutin arbeitete, wilde Kräuter sammelte und Kräuterheilmittel herstellte, entwickelte sie intuitive Verbindungen zu den Pflanzen. Durch ihre innere Verbindung mit den Pflanzen ist sie zu der Überzeugung gekommen, daß viele Herstellungsweisen von Kräuterheilmitteln, wie z.B. die Gewinnung von Ölen für die Aromatherapie, unnötig hart auf die Pflanzen wirken. Sie konnte nicht verstehen, warum wir einer Pflanze schaden, um eine Substanz herzustellen, wenn wir lediglich die zum Heilen eingeprägte Energie brauchen. Wenn eine Blüte abgeschnitten wird, erlebt sie einen Schock oder Schmerz. Diese negative Energie wird automatisch auf unseren Körper übertragen, was besonders dann bedauerlich ist, wenn wir die Pflanzenextrakte zum Heilen der Gefühle benutzen. Wissenschaftliche Versuche, über welche in dem Buch „Das geheime Leben der Pflanzen" von Peter Tompkins und Christopher Bird berichtet wird, zeigen deutlich, daß Pflanzen auch Streß und Schmerzen fühlen, wenn Teile verletzt oder abgeschnitten werden. Bei der Stepanovs-Methode fühlen die Pflanzen keinerlei Schmerz oder Streß, weshalb nur harmonische Heilenergien auf den Körper einwirken.

Darüber hinaus nimmt bei den herkömmlichen Herstellungsmethoden die Kraft des „Qi" in der abgeschnittenen Blüte ab, da diese von ihrer

Lebensquelle abgetrennt wird. Dies beeinflußt natürlich auch die daraus hergestellte Blütenessenz. Love Remedies haben dagegen die Kraft von lebenden Pflanzen.

Die Philosophie natürlicher Heilung liegt darin, die ganze Person wieder ins Gleichgewicht zu bringen, und zwar physisch, emotional, geistig und spirituell. Um die Chancen einer ganzheitlichen Heilung zu erhöhen, brauchen wir Heilmittel, die selbst Ganzheit und Gesundheit ausstrahlen. Da die Love Remedies mit Hilfe der gesamten Pflanze gewonnen werden, tragen sie die Energien dieser Ganzheit in sich.

Australien ist von anderen Erdteilen in besonderem Maße isoliert und hat daher auch eine völlig eigene Pflanzenwelt. Trotz der abgesonderten Lage Australiens gibt es dort aber auch einige Pflanzen, die enge Verwandte in anderen Erdteilen haben, wie z.B. Banane, Olive, Plumbago oder Korallenbaum. All diese Pflanzen wachsen in Australien aber nach wie vor in ihrer Urform, was z.B. bei der Banane deutlich zu erkennen ist. Die wildwachsende australische Banane hat im Gegensatz zu der Banane aus dem Supermarkt noch viele Samenkörner, denn ihre Samen sind nicht weggezüchtet. Bei der Herstellung von Blütenessenzen ist es äußerst wichtig, die ursprüngliche Form der Pflanze zu verwenden. Diese Pflanzen vermögen noch sich in der freien Natur durchzusetzen, wogegen ihre gezüchteten Verwandten nicht mehr ohne menschliche Hilfe überleben können. Essenzen dieser „Urpflanzen" geben uns die Möglichkeit, uns weiterzuentwickeln und zu entfalten.

Nicht nur die Abgeschiedenheit Australiens, sondern auch das extreme Klima mit seiner intensiven Sonne sowie die Form der Bewirtschaftung des Landes durch die Ureinwohner haben die Pflanzen geprägt. In Tasmanien und den Snowy Mountains gibt es starken Frost und über Monate hinweg Schnee. Im tropischen Norden kann es bis zu 5000 ml pro Jahr regnen, und im trockenen Landesinneren ist man froh, wenn im gleichen Zeitraum 50 ml köstliches Naß vom Himmel fallen. Durch Brandrodung gewannen die Aborigines Flächen, auf denen das jung sprießende Grün Tiere anzog, die dann gejagt werden konnten. Australischer Busch gedeiht nach einem Buschfeuer besonders gut, und manche Pflanzen keimen erst richtig nach einem Feuer, wie z.B. die Wattle. Nur äußerst widerstandsfähige Pflanzen können in einer derartigen Umwelt überleben. Aus diesem Grunde sind die Love Remedies höchst wirksam, denn sie wurden von Pflanzen erzeugt, die unter diesen Bedingungen zu wachsen vermögen.

Grundlegend für die Qualität der Love Remedies ist auch die Verwendung reinen Wassers. Wasser speichert Informationen, in ihm werden Schwingungen bzw. Frequenzen festgehalten. Das Prinzip der Bach-Blüten besteht darin, die Frequenzen der Blüten auf das Wasser zu übertragen. Alkohol wird nur zur Konservierung des Wassers zugegeben. Die Blüten, die man für drei Stunden in eine Schüssel mit Wasser legt und in die Sonne stellt, übertragen ihre Schwingungen auf das Wasser. Es ist leicht zu verstehen, daß auch andere Einflüsse, denen das Wasser zuvor ausgesetzt war, noch als Schwingungen in diesem Wasser weiterwirken. Selbst unser Regenwasser ist heutzutage mehr oder weniger ein verdünntes Gebräu aus Abwasser und Luftverschmutzung. Wie wir alle wissen, haben wir heutzutage ein großes Wasserproblem. Die Wahl des richtigen Wassers zur Herstellung von Blütenessenzen ist genauso wichtig wie die Wahl der Blüten selbst, die nicht aus Zuchtpflanzen hergestellt werden sollten.

Die Stepanovs-Methode gewinnt das Urquellwasser der Pflanze selbst, die in ungestörter Natur das Wasser aus großen Tiefen hervorbringt. Dieses durch das eigene Wurzelsystem gefilterte und aufbereitete Wasser trägt ausschließlich die spezifischen Schwingungen dieser Pflanze und ihres individuellen Standortes. Dieser Platz ist besonders wichtig, denn in freier Natur wachsen Pflanzen nur an solchen Orten, welche die besten Bedingungen für ihre Art bieten und an denen sie sich gegen andere Pflanzen durchsetzen können. Pflanzen, die durch die Hilfe von Menschen an Orten wachsen, wo sie sich selbst nicht behaupten könnten, haben nicht die Stärke wie ihre Artgenossen, die sich ohne Kompromisse nur aufgrund klarer Naturgesetze entwickeln.

Interessant ist die Struktur des direkt von den Pflanzen gewonnenen „Wassers" (die „Alphaessenz"). Sein pH-Wert schwankt bei den verschiedenen Pflanzenarten stark. Dies mag einerseits von dem pH-Wert der Pflanze selbst abhängen, aber andererseits auch vom Standort. Dabei kommt es vor, daß Pflanzen, die auf einem sauren Boden wachsen, selbst alkalisch sind. Die Oberflächenspannung verschiedener Wässer ist ebenfalls unterschiedlich. Reine Alphaessenzen (noch ohne Beigabe von Alkohol), die nach der Stepanovs-Methode gewonnen werden, haben unterschiedliche Oberflächenspannungen von 18 bis zu 22 Tropfen je Milliliter.

Die Reinheit des Wassers für die Verdünnungen der Alphaessenzen ist ebenfalls sehr wichtig. Es würde allerdings den Rahmen des Buches sprengen, ausführlicher darüber zu schreiben. Harald hat ein Buch mit dem Titel „Water Medicine" geschrieben und sich intensiv mit der Qualität von Wasser beschäftigt. Er wählt in Zusammenarbeit mit Dr. William L. Mayo das beste Quellwasser aus, welches dann für die Verdünnungen der Love Remedies verwendet wird.

Aufbereitung der Love Remedies

Die Alphaessenz

Dies ist die ursprüngliche Essenz und die Grundlage des Heilmittels. Alle Zubereitungen entstehen aus dieser Essenz. Sie wird in direktem Kontakt mit den Blüten unter den reinsten und günstigsten Bedingungen gewonnen. Die Alphaessenz wird mit Wasser und Weinbrand aufbereitet, um die verschiedenen Verdünnungen zu erhalten.

Die Muttertinktur

Die Muttertinktur ist die Verdünnung der Alphaessenz im Verhältnis 1:20. Ein Teil Alphaessenz wird mit je 10 Teilen Weinbrand und Wasser gemischt. Dann wird die geschlossene Flasche in die Hand genommen und 30 mal kräftig geschüttelt, indem man die Flasche auf den Ballen der anderen Hand schlägt. Dies ist sehr wichtig, denn dadurch werden die Schwingungen aktiviert.

Die Stockbottle

Zur Verdünnung der Muttertinktur wird 1 Teil Muttertinktur mit je 10 Teilen Weinbrand und Wasser gemischt. Die geschlossene Flasche wird in die Hand genommen und 30 mal kräftig durch Aufschlagen auf die andere Hand geschüttelt. Die Essenz der Stockbottle ist zur weiteren Verdünnung oder Mischung durch Ärzte, Heilpraktiker und Naturheiler bestimmt.

Die Anwendungsessenz

Aus den Stockbottles können die Anwendungsverdünnungen hergestellt werden. Um 20 ml einer Anwendungsessenz zu erhalten, nimmt man 12 Tropfen aus der Stockbottle. Zur Verdünnung nimmt man eine Mischung aus Weinbrand und Wasser im Verhältnis 1:1. Für den unmittelbaren Gebrauch kann auch nur reines Wasser benutzt werden. Die verschlossene Gebrauchsflasche wird dann in eine Hand genommen und 30 mal auf den Ballen der anderen Hand geschlagen.

Love Remedies –
Essenzen der Liebe

Jede Blütenessenz hat ihre eigene einmalige Heilenergie, die unsere Frequenz anhebt und unser Gemüt befreit, um unserem Körper eine natürliche Selbstheilung zu ermöglichen. Die Blüten konzentrieren sich gewöhnlich mehr auf geistige Eigenschaften, als es die restliche Pflanze tut. Die Blütenessenzen wirken auf der Ebene des Unterbewußtseins, wodurch sie den physischen Körper unterstützen.

Blüten sind von der Natur für die Liebe geschaffen und heilen deshalb mit Liebe. Blüten haben ihren ganz besonderen Zweck: Sie locken Insekten für die Befruchtung an, um die Pflanzenart zu erhalten. Dies ist die wunderbarste Zeit einer Pflanze. Es ist ihre Zeit der Liebe. Es ist aber auch die schwierigste Zeit im Leben einer Pflanze, da die meisten Blüten die Hilfe von Wind oder Insekten brauchen, um ihren Zweck der Reproduktion zu erfüllen. Deshalb können uns die Frequenzen der Blüten auch in schwierigen Zeiten helfen.

Astrologisch gesehen stehen alle Blüten unter dem Einfluß des Planeten Venus. Die Venus ermutigt uns, die zärtlichsten Leidenschaften unseres Herzen aufleben zu lassen, damit wir unser einmaliges Dasein in dieser Welt leben können. Wir befinden uns zur Zeit in einem Wechsel von dem Zeitalter der Fische in das Zeitalter des Wassermannes mit seiner weiblichen Energie. Es ist keine Überraschung, daß eine Frau die neue Methode zur Herstellung der Love Remedies, die ein Heilmittel der Liebe und der Venus sind, entdeckt hat. Diese neuen Heilmittel werden uns helfen, mit Freude und Liebe den Weg ins neue Wassermannzeitalter zu finden.

Love Remedies helfen uns, uns selbst zu entdecken und unseren wahren Zweck auf dieser Erde zu finden. Jeder Gedanke, den wir haben, bewegt sich durch unser Energiefeld und weiter zu allem Lebenden auf unserer Erde. Je liebevoller unsere Gedanken sind, desto mehr Schwingungen der Liebe senden wir aus. Diese Schwingungen werden von jedem empfangen und ermöglichen den Menschen, notwendige Änderungen gegen alles Negative auf der Welt vorzunehmen.

Die Love Remedies sind deshalb Teil des neuen Jahrtausends. Das Zeitalter der Fische, das wir hinter uns haben, war das Zeitalter der Opferung. Im Zeitalter der Fische wurden die Blüten von ihrer Lebensquelle abgeschnitten, um dann Blütenessenzen herzustellen – die Blüten opferten sich, damit wir uns besser fühlten. Dies war im Zeitalter der Fische auch richtig, weil die Essenzen die Schwingung dieser Zeit hatten. Aber wir sind nun im beginnenden neuen Zeitalter des Wassermanns, einer Zeit der Bruderschaft, in welcher Menschengruppen zusammenarbeiten, ihren Geist erweitern und keine Angst vor Neuem haben.

Werden Sie wieder ein freier Geist! Wir haben uns sehr weit von der Natur und von der Aufgabe unserer Seele entfernt. Die Zeit ist gekommen, unsere eigenen Kenntnisse und die Geschenke, die uns gegeben wurden, mit anderen zu teilen. Die Vereinigung zwischen unserer Seele, der Natur und unserem Schöpfer ist der Schlüssel zum inneren Frieden.

Die heilenden Eigenschaften der Blüten

Die spezifischen Heileigenschaften einer Blüte findet man auf folgende Weise heraus: durch genaue Beobachtung der Pflanze, ihrer Eigenschaften, ihres Aussehens und Verhaltens in ihrem Lebensraum sowie durch das Wissen, welchen Effekt ihre Farbe auf uns hat und ob die Pflanze bekannte Heilwirkungen hat, z.B. aus Überlieferungen. Dr. Bach, der die Blütenessenzen wiederentdeckte, wanderte sehr viel allein in der Natur und unterhielt sich mit den Pflanzen auf einer intuitiven Ebene, um die Persönlichkeit jeder einzelnen Pflanze zu erspüren und zu erfahren, welche Blockaden sie in unserem Körper heilen würde.

Die Beobachtung des Verhaltens einer Pflanze oder einer Blüte gibt wertvolle Aufschlüsse darüber, welche emotionalen Blockaden sie heilen kann. Die Blüten erlauben uns als unsere Lehrer wertvolle Einblicke in unsere Seele.

Zum Beispiel neigt Lantana dazu, andere Pflanzen, die in ihrer Nähe stehen, zu überwuchern. Der Blütenkopf der Lantana besteht aus vielen kleinen Blüten, die wie viele Gesichter aussehen. Eine Person, die sich für die Blütenessenz Lantana entscheidet, kann die entsprechende Neigung haben, Macht an sich zu reißen. Eine „Lantanaperson" kann auch viele Rollen im Leben spielen und es dadurch schwierig finden, Entscheidungen zu treffen.

Worrai hat ein ausgedehntes Energiefeld, das nicht zu übersehen ist. Viele weiße Blüten liegen eng zusammen, als wären sie zu einer großen Blüte verbunden. Diese Blüte hilft Personen, die sich fürchten, in Gruppen zu sein. Das klare Weiß der Blüte reinigt sie, damit sie mit anderen in Gemeinschaft zusammenarbeiten können.

Die Farben einer Blüte haben auch besondere Bedeutungen. Zum Beispiel hat Rosa einen Effekt, der Härte auflöst. Auch wirkt Rosa aufs Herz und hilft bei Liebesfragen. Blau hat einen beruhigenden Effekt, Gelb wirkt gegen Melancholie, und Rot bringt trägen Leuten Schwung.

Ähnlich wie bei unseren Sagen wurden in Australien Geschichten aus der Traumzeit von den Aborigines über Generationen hinweg weitererzählt. Sie liefern einen sinnbildlichen Ansatz zum Verständnis der Heilwirkung der Blütenessenzen.

Eine typische Geschichte aus der Traumzeit soll dies deutlich machen. Sie betrifft die wunderschöne Blume Waratah:

Vor langer Zeit gab es eine wunderschöne Frau mit dem Namen Krubi. Sie und ihr Stamm lebten im Buragorang-Tal. Man erkannte sie leicht an ihrem einzigartigen Gewand, das sie aus dem roten Leder eines Rock wallabys hergestellte hatte. Geschmückt war sie mit den roten Kämmen des Gang-Gang-Kakadus. Nichts Schöneres gab es in der Welt als diesen Mantel. Krubi liebte einen jungen Mann ihres Stammes und erwartete ihn Tag für Tag am höchsten Punkt der Gegend von der Jagd zurück. Das erste, was er dann sah, war der rote Umhang. Und das war, wonach er sich sehnte.
Eines Tages mußten die Männer des Stammes in den Krieg ziehen, und Krubi war sehr traurig und besorgt. Jeden Tag stand sie auf ihrem Felsen und erwartete die Rückkehr ihres Liebsten, während sie in der Ferne das Geschrei des Kampfes hörte. Nach Tagen kamen die Männer zurück, doch ihr Geliebter war nicht dabei. Sieben Tage wartete sie auf dem Felsen in der Hoffnung, daß er doch noch käme. In dieser Zeit weinte sie sehr viel, und ihre Tränen bildeten Rinnsale im Sandstein. Aus ihren Tränen entstanden neue Pflanzen wie Boroniea, Eriostemon und Bush Fuchsia. Nach sieben Tagen begab sie sich zum

Schlachtfeld, fand aber keine Spur ihres Geliebten. So kehrte sie auf den Sandsteinfelsen zurück und übergab sich dem Tod. Als ihr Geist einen Riß im Sandstein durchquerte, kam an dieser Stelle die schönste aller australischen Pflanzen mit einem festen, geraden Stiel hervor. Ihre Schönheit war vollkommen, genau wie die des Mannes, für den Krubi gestorben war. Die Blätter der Pflanze waren gezahnt und gepunktet, genau wie sein Speer. Die Blüte war von durchdringendem Rot, und genau wie der rote Mantel konnte sie schon von weitem gesehen werden.

Diese Pflanze ist die Waratah, und die aus ihr hergestellte Love Remedy hilft Traurigkeit und Verzweiflung zu bewältigen sowie Hoffnung und Vertrauen in das Leben zurückzugewinnen. Schon vielen, die an Selbstmord dachten, konnte diese Blüte helfen.

Wenn Sie dieses Buch lesen und sich mit den 45 Love Remedies beschäftigen, werden Sie feststellen, daß Sie sich von einigen Pflanzen angesprochen fühlen, daß Sie mit diesen etwas gemeinsam haben und daß diese Blüten Ihnen etwas über das gegenwärtige Stadium Ihres persönlichen Wachstums sagen.

Sie können sich auch selbst in der Natur auf eine Pflanze einschwingen. Beobachten Sie die Farbe, die vollendete Form und wie sich die Blüte entfaltet. Fühlen Sie die Beschaffenheit der Blüte und der Blätter, und schauen Sie sich den Standort an. Auch die Düfte der Pflanze geben uns verschiedene Informationen. Sie können auch das Energiefeld der Pflanze fühlen, wenn Sie sich gedanklich auf die Pflanze einstellen und Ihre Hand einige Zentimeter von der Pflanze entfernt halten. Spüren Sie ein Prickeln, etwas Wärme, etwas Kühle oder sogar ein feines Abwehrgefühl? Was sagen Ihnen die Blüten?

Intuitives Auswählen der Love Remedies

Manche Menschen lassen sich gerne von einem Heilpraktiker oder einem anderen Spezialisten für Blütenessenzen darüber beraten, welche Flasche die richtige für ihn oder sie sei. Bei den Love Remedies ist es jedoch besonders wichtig, daß sich der Patient durch seine eigene Intuition selbst das beste Heilmittel aussucht.

„Kein anderer Mensch kennt deinen Körper so gut, wie du ihn kennst. Du hast alle Antworten, um dich selbst zu heilen. Alles, was du zur Heilung brauchst, ist Vertrauen zu deiner inneren Stimme und den Mut, dieser zu folgen, genauso wie es Tiere machen, die sich durch ihren Instinkt selbst heilen können", sagt Juta. Die Wahl der richtigen Flasche ist genauso einfach. Es geht nur darum, die Flasche zu nehmen, zu der man sich hingezogen fühlt.

Erfahren Sie wieder Ihre Kraft und folgen Sie Ihrer Intuition, damit Sie eine neue Welt in sich selbst entdecken. Folgen Sie Ihrer inneren Stimme, wählen Sie Ihre persönliche Essenz und vertrauen Sie Ihrer Intuition. Die Love Remedy, die Sie gewählt haben, ist die richtige für Sie zu diesem Zeitpunkt. Wenn Sie Ihrer inneren Stimme, Ihrer Intuition, vertrauen, wird diese erstarken und Ihnen neben dem logischen Denken die richtige Führung geben. Haben Sie Vertrauen und glauben Sie daran, daß das, was Sie tun, das Richtige für Sie ist.

Während einer Konsultation wählt der Patient eine Flasche aus den insgesamt 45 Flaschen aus. Der Kasten für die Stockbottles wurde so geschaffen, daß man die Etiketten auf den Flaschen nicht erkennen kann. Man sieht lediglich 45 gleiche Flaschen. Dadurch bleibt dem Patient nichts anderes übrig, als seiner Intuition zu vertrauen und daraufhin eine Entscheidung zu treffen. Manche berichten, daß besonders eine Flasche ihre Aufmerksamkeit auf sich lenkte; andere streichen mit der offenen linken Hand über die Flaschen und fühlen unterschiedliche Schwingungen. Manche wiederum schließen die Augen, während sie wählen, und andere nicht - das Ergebnis ist immer das gleiche: Die richtige Flasche wird gefunden.

Basierend auf dieser Wahl einer Love Remedy wird der Therapeut dann mit seinem Patienten die Informationen im Hinblick auf geistige und emotionale Blockaden besprechen.

Patienten fühlen sich häufig zu dem hingezogen, was sie am dringendsten brauchen. Zum Beispiel kam nach einem Vortrag über Love Remedies eine Frau zu Juta und sagte, daß sie etwas benötige, um mit ihrem Ärger fertig zu werden. In einer privaten Konsultation am nächsten Tag wählte die Frau intuitiv eine Flasche aus - es war Mountain Devil, was ein Mittel gegen Ärger ist.

Wenn Patienten mit einer bestimmten Essenz über einen längeren Zeitraum hinweg arbeiten, wählen sie trotzdem häufig wieder die gleiche Essenz, wenn das Problem noch nicht bewältigt ist. Ein Beispiel ist ein etwas scheuer, warmherziger Klient, der Probleme hatte, sich selbst ins richtige Licht zu rücken und seine Meinung kundzutun. Er war auch stark mit Änderungen in seinem Leben, mit seinen Freunden und in seinem Beruf beschäftigt. Seine Wahl fiel auf Pittosporum, die bei Angst, versteckten Gefühlen, in Zeiten des Wechsels und zum Ausgleich der männlichen und weiblichen Energien angewendet wird. Etwa zwei Wochen später wählte er während einer Konsultation nochmals die gleiche Flasche aus, weil er seine Probleme noch nicht hatte ablegen können. Seine Intuition war also in der Lage, die gleiche Love Remedy wiederzufinden, obwohl der Therapeut die 45 Flaschen mehrmals während der zwei Wochen umgestellt hatte und keine Flasche mehr am gleichen Platz war.

In den vielen Seminaren, die wir über natürliche Heilmethoden gehalten haben, haben wir die Erfahrung gemacht, daß jeder aus dem Gefühl heraus die richtige Entscheidung treffen kann und intuitiv Zugang zu einem unglaublichen Wissensschatz hat. Wir haben immer jedem Teilnehmer unserer Seminare eine Pflanze oder eine Blüte in die Hand gegeben und gefragt: „Was sagt dir diese Pflanze?" Das Ergebnis war erstaunlich. Auch Personen, die ihre Pflanze nie zuvor gesehen hatten, antworteten spontan. Nachprüfungen ergaben, daß gerade diese Pflanze immer seit geraumer Zeit als Heilpflanze für genau den Zweck verwendet wurde, der durch Intuition erkannt wurde. Zufall? Wir sind uns sicher, daß wir Menschen den gleichen Sinn haben, der den Tieren eigen ist – einen unglaublichen Instinkt.

Dies geht sogar so weit, daß eine Person, die in ihrem Innersten die angebotene Hilfe ablehnt, auch keine Hilfe erlangen und möglicherweise ein Mittel wählen wird, das der Situation nicht dienlich ist oder sogar die Lage verschlechtert.

Es ist noch nicht lange her, daß ein junger Mann mit großen Problemen zu Juta kam. „Der junge Mann kam mit – aus seiner Sicht gesehen – unlösbaren Problemen zu mir. Ich bat ihn, eine Essenz auszusuchen. Er meinte jedoch, er glaube nicht an meinen ‚Blütensaft'. Es sei unmöglich, daß nur einige Tropfen davon zu einer Verbesserung seiner Lage beitragen könnten. Ich blieb hartnäckig und forderte ihn während der Beratung immer wieder auf, eine Essenz zu wählen.

Nach einiger Zeit und ausreichendem Druck von mir war er dann doch bereit, eine Flasche zu wählen. Allerdings machte er auch gleich die Einschränkung, daß dies nicht bedeute, daß er in irgendeiner Weise an die

Essenzen glaube. Er machte klar, daß er es nur täte, damit ich aufgäbe, ihn ständig darauf hinzuweisen. Aus großem Abstand und ohne richtig hinzuschauen sagte er nur: ‚Geben Sie mir die dritte Flasche von rechts in der vordersten Reihe.' Ich war nun doch gespannt, was er gewählt hatte, da man die Etiketten nicht erkennen konnte. Zu meinem großen Erstaunen und zur Überraschung zweier anderer Personen, die auch anwesend waren, stellten wir fest, daß es eine leere, ungebrauchte Flasche war. Es war mir unerklärlich, wie es passieren konnte, daß eine leere Flasche unter den vollen war. Nach einem Moment der Konsternation mußte ich dann lachen: Der junge Mann wollte keine Hilfe haben, und seine Intuition hatte ihm seinen Wunsch erfüllt. Zufall? Sein Wunsch zu leiden war so stark, daß dies ein Teil seines Glaubenssystems wurde und ihn daran hinderte, die verfügbare Hilfe zu erlangen."

Die Möglichkeiten, die uns eigene Weisheit zu nutzen, beziehen sich nicht nur auf die Wahl einer Blütenessenz, wenn wir bereit sind, unseren Gefühlen zu vertrauen. Fragen Sie einfach Ihre Intuition, Ihre innere Stimme, und Sie werden im Bruchteil einer Sekunde eine Antwort haben. Dies ist ganz anders als beim logischen Denken, denn dieses ist langsam und unsicher. Auf die Intuition zu hören bedeutet nicht, voreilige Entscheidungen zu treffen. Sie brauchen lediglich etwas Zeit, um zu entspannen, damit Sie in der Lage sind, zu horchen und zu verstehen, und schon wissen Sie, was Ihre innere Stimme sagt.

Viele von uns verlieren schon in früher Kindheit die Fähigkeit, auf die innere Stimme zu hören, wenn uns gesagt wird, was wir zu verstehen haben und wie wir etwas zu verstehen haben.

Es kann schwierig sein, der eigenen Intuition zu vertrauen, wenn wir keine Erfahrung damit haben, wenn wir sie immer unterdrückt haben. Viele Menschen möchten lieber einen Beweis sehen oder eine „logische" Antwort bekommen. Wir müssen aber begreifen, daß die Wissenschaft für viele Dinge und Geschehnisse auch keine logische Antwort hat. Wir stellen sogar fest, daß wissenschaftliche Beweise aus früheren Zeiten widerrufen werden, daß neue Beweise beweisen, daß die alten Beweise falsch waren. Man fragt sich dann natürlich, welchen Wert ein Beweis von heute hat, wenn er sich morgen als falsch erweisen kann. Auch hat die Wissenschaft keine Erklärung für Glück oder Telepathie; sie kann auch nichts darüber aussagen, ob es Gott gibt oder nicht. Harald freut sich jedesmal darüber, wenn er von neuesten wissenschaftlichen Ergebnissen hört, die erklären, warum ein natürliches Heilmittel wirkt, während Kranke sich schon seit Jahrtausenden über die Heilwirkung freuten ohne sich Gedanken darüber zu machen, *warum* es wirkt.

Anwendungsmöglichkeiten der Love Remedies

Es ist üblich, 3 Tropfen der Love Remedies dreimal täglich unter die Zunge zu träufeln. Love Remedies können auch mit Wasser eingenommen werden. Bei dieser Methode werden 6 Tropfen einem Glas Wasser zugegeben. Gut umrühren und schluckweise über mehrere Stunden verteilt trinken. Love Remedies können auch direkt auf die Haut gegeben werden. Love Remedies haben eine hohe Schwingung, weshalb schon wenige Tropfen ausreichend sind. Es können bis zu drei Love Remedies zur gleichen Zeit eingenommen werden. Am sinnvollsten ist es, sich dann eine Mischung herzustellen.

Love Remedies können Cremes beigemischt werden, damit sie durch die Haut absorbiert werden. Das gleiche gilt auch für Sprühanwendungen. Zu empfehlen ist auch die Verwendung als Badezusatz oder zum Einreiben.

Es ist wichtig, die Schwingungen der Essenzen vor jedem Gebrauch durch Schütteln der Flasche zu aktivieren. Um die Heilwirkung der Love Remedies zu bewahren, sollten diese von Hitze, direktem künstlichem Licht (Neon) und strahlenden Geräten (Computer, Fernsehgeräte, Mikrowellenherde) ferngehalten werden.

Die weiteren Anwendungsmöglichkeiten im Heilbereich sind geradezu grenzenlos. Love Remedies können für Schönheits- und Haarpflege, zum Einreiben, für Shiatsu, Reflexzonentherapie und Akupunktur verwendet werden.

Vollbad
Geben Sie dem Badewasser 6 Tropfen zu.

Einreiben
1 bis 3 Tropfen werden in die Energiepunkte sanft einmassiert.

Auramassage
1 bis 3 Tropfen werden zur Auramassage genommen.

Sprühflasche
Verwenden Sie 6 Tropfen Love Remedies pro 100 ml reines Quellwasser.

Kompressen
Geben Sie 6 Tropfen Love Remedies auf je 1/2 Liter Wasser.

Massageöle, Essig, Cremes und Salben
Fügen Sie Love Remedies zur besseren Wirkung bei.

Wenn Sie Ihre erste Love Remedy wie empfohlen ausgewählt und eingenommen haben, werden Sie Änderungen in sich verspüren. Sie werden
wieder Gefühle entdecken, die Sie über Jahre hinweg nicht mehr kann-
ten. Erlauben Sie diesen Gefühlen, sich frei zu entwickeln. Sie werden
das Leben mit anderen Augen sehen. Freuen Sie sich über die Vorteile,
die Ihnen die Love Remedies schenken. Wenn Sie sie das nächste Mal
nehmen, gehen Sie hinaus in die Natur, riechen wieder einmal an einer
Rose und fühlen die Liebe, die Sie umgibt.

Sagen Sie Dank für alle Geschenke der Natur,
die wir von der Schöpfung empfangen dürfen.

Die 45 Essenzen der Liebe

Die Love Remedies werden uns von der Natur
als ein Geschenk der Liebe gegeben.

Angelica
(ARCHANGELICA OFFICINALIS)

W enn Sie nur Platz für eine Pflanze in Ihrem Garten haben, pflanzen Sie Angelica: Es könnte sein, daß Sie ihre Heilkraft brauchen! Die vielen heilenden Eigenschaften von Angelica wurden schon vor 6000 Jahren im alten China gelobt. Die Engelwurz ragt stolz über die anderen Pflanzen heraus, mit denen sie den Platz in Flußniederungen oder an Waldrändern teilt. Sie zeigt ihre fein duftenden Blüten, die sich über die Pflanze erheben, während etwa 2 Wochen im Frühjahr. Größe und Erscheinung der Angelica vermitteln ein Gefühl von Vertrauen und Kraft.

∾ Unausgewogenheiten:
Zweifel, ob man „das Richtige glaubt"; Schuldgefühle (möglicherweise durch zu strenge religiöse Moralvorstellungen); Suche nach einem „Guru" bei gleichzeitiger Angst vor falschen Lehren; Mangel an Vertrauen; unsicher und verwirrt.

∾ Positiver Selbstausdruck:
Erhält klare Einsichten in Zeiten der Herausforderung; integriert das höhere Selbst; öffnet sich für Engelenergien und tiefe Meditation, entfaltet das eigene Potential, findet sich selbst. Angelica ist ein Mittel, welches in besonderer Weise die spirituelle Weiterentwicklung vorantreibt.

∾ Visualisierung:
Visualisieren Sie die aromatischen Blüten der Angelica, die Ihr Vertrauen in die eigene spirituelle Entfaltung stärken.

～ *Affirmation* ～
Ich vertraue meinem Glauben und den göttlichen Kräften in mir.

Banana
(MUSA BANKSII)

Wilde Bananen wachsen noch in den tropischen Dschungeln von Malaysia und im nördlichen Queensland. Mit ihren vielen Samen sind sie unangenehm zu essen. Die Banane gilt als das größte Kraut der Welt, da sie keinen Stamm hat. Die Wilde Banane liebt feuchte, fruchtbare Erde und teilt ihren Lebensraum mit vielen anderen Pflanzen. Die Banane blüht über viele Wochen hinweg; ihre Früchte bilden sich, während sich neue Blüten öffnen. Die grandiose Blüte ist eine attraktive Farbkombination von kräftigem Gelb vor einem dunklen Lila im Hintergrund.

☙ Unausgewogenheiten:
Unsicher; überempfindlich, insbesondere bei Streß und Ärger; sexuelle Verwirrung, die oft ihre Ursache in vergangenen Problemen oder Erfahrungen hat und sich in einer Unausgewogenheit zwischen sexuellem Drang und Zurückhaltung äußert; religiös unausgeglichen und zweifelnd; geistige Disharmonie.

☙ Positiver Selbstausdruck:
Erlebt einen Ausgleich von Gemüt, Körper und Sexualität sowie Heilung von Blockierungen aus vergangenen Erfahrungen; kann vergeben, um sich frei im Leben zu entfalten; erneuert den Glauben an das eigene Potential; gewinnt geistige Ruhe und Harmonie, Selbstsicherheit und Vertrauen in die eigenen Gefühle; empfindet die Liebe wieder als den Schlüssel zum Leben.

☙ Visualisierung:
Stellen Sie sich vor, wie die Erde ihre Energien mit Ihnen austauscht, tiefsitzenden emotionalen Schmerz beseitigt und Ihnen Freiheit schenkt. Empfangen Sie das Geschenk der Banane: Selbstwertgefühl und Kraft.

➤ *Affirmation* ➤
Ich stehe zu meinen Gefühlen und zu meiner Sexualität.

Black-Eyed Susan
(TETHRATHECA ERICIFOLIA)

Die nur etwa 30 cm hohen Sträucher der Black-Eyed Susan findet man hauptsächlich in New South Wales und Victoria auf trockenen Waldböden. Je 4 bis 6 der 3-10 mm langen Blätter bilden eine Gruppe rund um den Stiel. Die fein duftenden, tief rosafarbenen Blüten hängen wie kleine Glocken von den Zweigen, so als wollten sie ihr schwarzes Zentrum verstecken. Deshalb muß man die Blüten umdrehen, um das „schwarze Auge" zu sehen. Die Blüten der „Schwarzäugigen Susanne" zeigen sich vom Winter bis in den frühen Sommer hinein.

∾ Unausgewogenheiten:
Meistens überbeschäftigt, ständig unter Streß; leicht reizbar, da ständig angespannt; ungeduldig; ein „schneller Denker", der sich leicht verzettelt und „auf zu vielen Hochzeiten tanzt"; Tendenz, vor sich selbst zu flüchten, seinen Lebenssinn aus den Augen und den Kontakt zur Intuition zu verlieren; in ständigem Lebenskampf und innerlich ausgebrannt, Mangel an Energie.

∾ Positiver Selbstausdruck:
Gewinnt Vertrauen in die eigenen Fähigkeiten, Toleranz und Geduld; nimmt die eigenen Lebensumstände und die Verantwortung in Beruf und zu Hause an; gönnt sich Zeiten der Ruhe, um der Stimme der Intuition zu lauschen; folgt zunehmend und mutig der Intuition; erkennt die eigene Bestimmung; verspürt Liebe.

∾ Visualisierung:
Stellen Sie sich die Mitte dieser zärtlichen Blüte vor, die sich heilend auf Ihren Geist legt und tiefen inneren Frieden verströmt.

Affirmation
Ich bin in meiner Mitte und tolerant.

Bottle Brush
(CALLISTEMON LINEARIS)

Es gibt 37 Arten der Bottle Brush und unzählige Züchtungen dieser sehr widerstandsfähigen Pflanze. Die Bottle Brush hat ihren Namen durch ihr Aussehen, das an eine Flaschenbürste erinnert, erhalten. Die Pflanze ist in New South Wales heimisch und wird als Busch ungefähr 3 m hoch und breit. Die auffallend kräftig roten Blüten werden bei einem Durchmesser von 5 cm bis zu 12 cm lang. Bottle Brush findet man alleinstehend in lichtem Buschland und an Waldrändern. Während der Blüte ist Bottle Brush ein wahrer Blickfang. Es ist ein Vergnügen, die weichen „Bürsten" zu berühren.

⤳ Unausgewogenheiten:
Hartnäckige, starke Persönlichkeit; voreingenommen und in Intoleranz gefangen; unfähig, Dinge aus der Vergangenheit zu akzeptieren; Angst vor Veränderungen; Widerstand gegen unabänderliche Umstände, z.B. Pubertät, Elternschaft, Wechseljahre, Midlife-crisis, Alter und Tod.

⤳ Positiver Selbstausdruck:
Nimmt vergangene Ereignisse gelassen und vertrauensvoll an und verarbeitet sie; entwickelt sich weiter; gewinnt Kraft und Vertrauen zurück, um neue Herausforderungen zu bewältigen und neue Möglichkeiten zu nutzen; reagiert tolerant und flexibel; kümmert sich verstärkt um andere und hilft bereitwillig; lebt mit Frieden und Liebe im Herzen; genießt den Augenblick.

⤳ Visualisierung:
Stellen Sie sich die weichen Haare der roten Blüten vor, die den Pfad für das Neue öffnen.

⤳ *Affirmation* ⤳
Ich bin flexibel und nehme Änderungen gerne an.

Bush Fuchsia
(EPACRIS LONGIFLORA)

Bush Fuchsia gedeiht auf sonnigen, trockenen, sandigen oder kalkreichen Böden. Der Strauch kann bis zu 3 m hoch wachsen. Bush Fuchsia hat lange, dünne, glänzende Blätter. Die glockenförmigen karminroten Blüten haben 5 Blütenblätter mit weißen Spitzen. Zu Beginn des Frühjahrs belebt die auffallende Farbkombination der Bush Fuchsia die ansonsten farblose, karge Landschaft, in der sie wächst.

∾ Unausgewogenheiten:
Wenig Selbstvertrauen und Selbstachtung; innere Konflikte; Nervosität, besonders in der Öffentlichkeit; Entwicklungsstörungen, Konzentrations- und Lernschwäche; Verschlossenheit; kein Vertrauen in die innere Führung; zu starke Fixierung auf das logische Denken.

∾ Positiver Selbstausdruck:
Gewinnt Mut und Selbstbewußtsein; äußert sich klar und verständlich; bringt Logik (Verstand) und Intuition in Harmonie; löst Probleme mit Leichtigkeit; empfindet mehr Frieden und Freude im täglichen Erleben; vertraut den eigenen intuitiven Fähigkeiten; läßt Liebe wieder in das Herz einziehen.

∾ Visualisierung:
Stellen Sie sich mehrere dieser farbenfrohen glockenförmigen Blüten vor, die Ihr Herz mit Vertrauen und Glauben an Ihre Intuition erfüllen.

∼ *Affirmation* ∼
Ich bin stark und ausgeglichen.

Cherry
(EXOCARPUS CUPRESSIFORMIS)

Die australische Kirsche ist eine Schmarotzerpflanze ähnlich wie die Mistel, allerdings mit dem Unterschied, daß die australische Kirsche ein Wurzelschmarotzer ist. Junge Pflanzen sehen der Zypresse ähnlich. Die nur 1 mm großen Blüten sind unauffällig grün oder cremefarbig. Die nußartigen grünen Früchte werden 5 bis 6 mm groß und haben einen 1 cm großen kirschfarbigen, eßbaren Fruchtboden, der als die Kirsche bezeichnet wird.

∾ Unausgewogenheiten:

Zurückhaltend, scheu, ängstlich; pessimistischer Blick auf die Zukunft; vom Leben gelangweilt; geringe Vitalität; Gefühle der Einsamkeit; Schuldgefühle aus der Vergangenheit; Interesselosigkeit; tut sich schwer, wichtige Entscheidungen zu treffen; kein Kontakt zur Intuition; ohne Vertrauen in den Fluß des Lebens.

∾ Positiver Selbstausdruck:

Steigert sein Interesse am Leben und seine Entscheidungsfreudigkeit; entfaltet Gefühle frei, läßt Schuldgefühle los, das Interesse an der eigenen Entwicklung erwacht wieder; entwickelt Vertrauen in die eigenen Fähigkeiten, findet und genießt den eigenen Lebensstil und wird zum Künstler des eigenen Lebens; öffnet das Herz für die Liebe.

∾ Visualisierung:

Stellen Sie sich die zarten Blütensterne vor, die Licht und Leuchten in Ihr Leben bringen.

Affirmation
Ich bin freudig und frei.

Coral Tree
(ERYTHRINA VARIEGATA)

Die kräftig roten Blüten des Korallenbaums, der auch Angel Tree genannt wird, heben sich im Winter wie „Engel" gegen das bloße Holz ab, während die großen, dunkelgrünen Blätter im Sommer angenehmen Schatten spenden. Der häufig allein stehende schöne Baum lädt aber nicht zu Kletterpartien ein, da seine spitzen Stacheln erhebliche Verletzungen hervorrufen können. Das weiche Holz eignet sich weder zum Bauen noch für Tischlerarbeiten. Es gibt in den Tropen etwa 100 Arten des Coral Tree. Australische Arten des Coral Tree mit ihren weit ausladenden Zweigen wachsen bis zu 25 m hoch.

∾ Unausgewogenheiten:
Immer beschäftigt und schnell erschöpft; unsicher und nach Bestätigung suchend; selbstzentriert, Neigung, andere zu dominieren und manchmal sogar zu beleidigen; äußerlich starkes Auftreten, aber gleichzeitig ein Träumer; Neigung zu sexueller Verwirrtheit und Unsicherheit.

∾ Positiver Selbstausdruck:
Hat eine positive Lebenseinstellung und Mut; sieht Dinge realistisch; ist sexuell ausgeglichen; bleibt in schwierigen Situationen ruhig, kann sich auf das Wesentliche konzentrieren und dieses durchsetzen; vermag eigene Ansprüche zu artikulieren, verstärkt seine Führungsqualitäten.

∾ Visualisierung:
Stellen Sie sich die hochragende Kraft des Coral Tree vor, die Ihnen das sichere Vertrauen gibt, spirituell zu wachsen und Ihr Potential zur Entfaltung zu bringen.

➤ *Affirmation* ➤
Ich bin selbstsicher und konzentriert.

Dagger Hakea
(HAKEA TERETIFOLIA)

E s gibt über 140 Arten dieser sehr kräftigen, holzigen Sträucher. Die nußartigen Früchte bzw. Samen bleiben unversehrt, bis der Busch stirbt oder ein Buschfeuer sie beschädigt. Dann spaltet sich die Samenhülle auf und entläßt die Samen mit ihren zwei Flügeln. Die Dagger Hakea wird bis zu 3 m hoch und gedeiht in nährstoffarmen Gebieten oder an Waldrändern, sie wird aber auch gerne als Heckenpflanze verwendet, da ihre spitzen Stacheln unerwünschte Besucher fernhalten. An den kerzengeraden Zweigen zeigen sich die weißen Blüten im Frühjahr und zum Sommeranfang.

∾ Unausgewogenheiten:
Unterdrückter Ärger, Verbitterung und Groll; abwehrend, leicht verärgert und nachtragend (gegenüber nahestehenden Personen); sehr in sich verschlossen und andere Menschen abweisend; frustriert, pessimistisch, ohne Hoffnung auf Besserung; keine Selbstliebe und Selbstakzeptanz; nicht verzeihen können.

∾ Positiver Selbstausdruck:
Nimmt vergangene Geschehnisse an, beginnt zu verzeihen und zu vergeben; läßt Liebe wieder in das Herz einkehren, drückt Gefühle offen aus; gewinnt inneren Frieden und Liebe zu sich selbst und anderen; fühlt sich sicher; achtet und respektiert andere.

∾ Visualisierung:
Stellen Sie sich den Schutz der Blüten vor. Dies befreit Sie, so daß Sie sich sicher fühlen und Ihr Herz öffnen, um zu lieben und zu vergeben.

⟶ *Affirmation* ⟵
Ich schenke Liebe und pflanze ein Lächeln.

Dog Rose
(BAUERA RUBIOIDES)

Die Dog Rose ist im Buschland der östlichen Küsten und in lichten Wäldern von Tasmanien bis Queensland zu finden. Der widerstandsfähige Strauch liebt die volle Sonne und wird bis zu 1,5 m hoch und bis zu 2 m breit. Im Schatten bleibt er jedoch ein kleiner Strauch. Dog Rose blüht das ganze Jahr. In Frühjahr und Sommer sprießen die Blüten nach Regen und bei warmen Temperaturen mit ganz besonderer Herrlichkeit. Diese kräftig rosafarbenen Blüten erinnern an kleine, scheue Rosen, die auf den Boden schauen, wodurch sie ihr schönes Aussehen vor Insekten und Sonnenlicht verbergen.

∽ Unausgewogenheiten:
Angst ist ein unwillkommener, aber bedeutsamer Teil im Leben dieser Person, die scheu, unsicher und nervös ist, sich viel um andere kümmert und zu geringer Selbstachtung neigt; Helfersyndrom; mangelndes Vertrauen in den Prozeß des Lebens; Schüchternheit; als Kind Angst im Dunkeln.

∽ Positiver Selbstausdruck:
Überwindet Angstgefühle, gewinnt wieder Vertrauen in sich selbst; kann auch kleine Dinge im Leben genießen; versteht jeden Moment als Geschenk; vertieft Verbindungen mit der Familie oder Partnern; gewinnt Selbstvertrauen, Mut und Optimismus; die Liebe verdrängt die Angst und schafft somit Raum für spirituelle Weiterentwicklung.

∽ Visualisierung:
Stellen Sie sich die zärtliche, weiche, rosafarbene Blüte vor, welche die innere Liebe entfällt und Sicherheit und Selbstvertrauen schenkt.

⤙ *Affirmation* ⤚
Ich bin frei und zuversichtlich.

Everlasting
(HELICHRYSUM APICULATUM)

Wie der Name schon andeutet, ist diese Blüte für „immer" haltbar. Auch noch nach Monaten und sogar Jahren schließen und öffnen sich die geschnittenen, trockenen Blumen je nach Wetterlage. Wer einen Strauß Everlasting auf seiner Veranda hängen hat, kann dies täglich beobachten. Anscheinend wird das Öffnen und Schließen der Blüten durch sich verändernde Luftfeuchtigkeit ausgelöst. Everlasting wächst in vielen Gegenden Australiens. Man findet sie in den Schneebergen wie auch an der Küste. Die leuchtend goldgelben Blüten sehen aus wie Stroh, woher sich auch der deutsche Name „Strohblume" ableitet.

∾ Unausgewogenheiten:
Oft zu hart zu sich selbst und zu anderen; Neigung zu Egoismus und Selbstzentriertheit; häufig körperliche und psychische Erschöpfung; möglicherweise aggressiv und gleichgültig gegenüber anderen; Mangel an Selbstwertgefühl, was aber nicht nach außen gezeigt wird; sehr sensibles Inneres.

∾ Positiver Selbstausdruck:
Entdeckt und entwickelt Gefühl; Herzenswärme beginnt einzuziehen; kann sich anderen anpassen; gesteigerte Lebenskraft durch mehr Ruhe und Freizeit; verstärkte Ausdauer, um langfristige Ziele zu erreichen, ohne jedoch die Notwendigkeiten des Moments darüber zu vergessen.

∾ Visualisierung:
Stellen Sie sich die goldgelben Blüten wie einen Sonnenstrahl vor, der in Sie dringt. Er weckt in Ihnen ein spirituelles Verständnis über sich selbst und andere.

⟶ *Affirmation* ⟵
Ich habe Mitgefühl für andere und liebe mich selbst.

Fan Flower
(Scaevola sericea)

Fan Flower gedeiht als Busch in Australiens nördlichen Regionen, in Queensland und im tropischen Südostasien. Der Busch wird bis zu 1,5 m hoch und hat dann einen Durchmesser von 2 m. Er hat sehr weiches Holz, so daß die Zweige schon bei geringer Belastung brechen. Die Fächerblume gilt aufgrund der großen fleischigen Blätter als ideale Heckenpflanze, die obendrein sehr widerstandsfähig gegen die salzhaltige Luft am Meer ist. Die fächerförmigen weißen Blüten zeigen sich während des Winters.

Unausgewogenheiten:

Tendenz, Aufgaben nicht zu Ende zu führen, leicht den Fokus zu verlieren und Energie in viele Richtungen zu verstreuen; Angst vor Mißerfolg oder Erfolg; unsicher in Beziehungen oder Partnerschaft; Ängste vor Verpflichtung und Verantwortung; Neigung, sich unvollständig zu fühlen; Mangel an Selbstliebe und Selbstachtung.

Positiver Selbstausdruck:

Übernimmt Verantwortung und Verpflichtungen; folgt der eigenen Intuition; fühlt sich wieder „ganz"; kann Tatsachen aus verschiedenen Blickwinkeln sehen; achtet und liebt sich selbst; vertraut dem Prozeß des Lebens; erlangt durch Zentrierung der Energien größere Zufriedenheit, beginnt das eigene Potential mit zunehmender Geschwindigkeit zu entfalten.

Visualisierung:

Stellen Sie sich diese einmalige Blüte als die andere Hälfte von Ihnen vor, die Sie nun wieder entdecken. Die Ganzheit, die Sie finden, wird ihre Hingabe ans Leben und Ihr geistiges Wachstum vertiefen.

Affirmation
Ich bin bereit, Verantwortung zu übernehmen.

Fig
(FICUS CORONATA)

Es gibt etwa 1000 Feigenarten, wovon 42 in Australien zu Hause sind. Feigen wachsen als Büsche oder auch als mächtige Bäume. Die Feige ist wohl die anpassungsfähigste aller Pflanzen. Sie verträgt erbarmungslose heiße Sonne, aber auch Frost bis zu -18 Grad Celsius, und kann selbst in der Wachstumszeit über mehrere Monate völlig ohne Wasser auskommen. In warmen Klimazonen rechnet man mit zwei Ernten pro Jahr. Die Blüte der Feige ist außergewöhnlich: Sie befindet sich in den jungen Feigen! Blütezeit kann im Herbst, Frühjahr oder auch mitten im Sommer sein.

Unausgewogenheiten:
Neigung, sich nur von der besten Seite zu zeigen und andere Teile der Persönlichkeit zu verbergen, was zu Frustrationen in nahen Beziehungen führen kann; geringes sexuelles Interesse, im allgemeinen wenig Energie; übertriebene Begeisterung für Arbeit, Religion oder Projekte; Konzentrationsschwäche; Unschlüssigkeit, Verwirrung, Flatterhaftigkeit.

Positiver Selbstausdruck:
Erfährt Selbstbewußtsein, Klarheit, geistige Entwicklung, physische Stabilität und neue Lebenskraft; ist fähig, Entscheidungen zu fällen, sich an neue Situationen anzupassen und das zu akzeptieren, was unabänderlich ist; gesteigertes sexuelles Verlangen; Konzentration auf ein positives Ergebnis; kann wieder das Licht am Ende des Tunnels sehen.

Visualisierung:
Stellen Sie sich vor, wie die versteckten Blüten hervortreten und Sie ermutigen, an sich selbst zu glauben und Ihr Seelenvertrauen zu erwecken.

~ *Affirmation* ~
Ich habe neue Lebenskraft und sehe die Zukunft optimistisch.

Grey Mangrove
(AVICENNIA MARINA)

Die Grey Mangrove wächst an der Küste und an Flüssen in den Bereichen der Tiden. Sie steht bei Flut im Wasser und hat im weiten Umkreis Luftwurzeln, die bei Ebbe bis zu 30 cm hoch aus dem Schlamm ragen. Die zubereiteten Früchte waren bei den Aborigines des tropischen Nordens ein wesentlicher Bestandteil der Nahrung. Die Grey Mangrove hat kleine, unscheinbare orange-gelbe Blüten mit 4 Blütenblättern. Jeweils 3 bis 5 Blüten sitzen in Trauben in den Blattachseln.

∾ Unausgewogenheiten:
Von einem Problem ins nächste stürzen; depressionsanfällig; geringe Selbstliebe; wahre Gefühle werden versteckt; Belastung durch Schuldgefühle; sexuelle Unausgeglichenheit; häufig eine negative Einstellung zu vielen Dingen; seelische Verspannungen aus traumatischen Ereignissen.

∾ Positiver Selbstausdruck:
Gewinnt Lebensfreude und Lebendigkeit durch Annehmen der Vergangenheit; frei von Schuldgefühlen; Selbstliebe kehrt zurück; zunehmende Fähigkeit, echte Gefühle auszudrücken; findet wieder Freude im sexuellen Bereich; bleibt in schwierigen Lagen ruhig und ausgeglichen; spart Energie durch Geduld und die Erkenntnis, daß sich viele Probleme von selbst lösen; Selbstliebe und Optimismus; erkennt, daß „das Beste noch kommt".

∾ Visualisierung:
Stellen Sie sich mehrere dieser winzig kleinen Blüten vor, die Ihnen versichern, daß Sie auf dieser Welt nicht allein sind und daß Sie sich Zeit für sich nehmen können. Nach jedem Sturm kommt der schönste Sonnenschein.

⟶ *Affirmation* ⟵
Ich bin positiv und genieße das Leben.

Grey Spider
(GREVILLEA BUXIFOLIA)

Es gibt über 340 Arten und mehr als 50 Unterarten der Grevillea, was sie zur dritthäufigsten Pflanzengruppe in Australien macht. Grey Spider wächst in sonnigen, trockenen Lagen in New South Wales. Sie ist ein verhältnismäßig offener, kugelförmiger Strauch, der bis zu 1,5 m hoch wird. Die haarigen, nahezu rechteckigen Blätter sind etwa 2 cm lang. Grey Spider blüht die meiste Zeit des Jahres. Die Blüten sehen wie graue Spinnen aus.

Unausgewogenheiten:
Das Leben ist von vielen Ängsten überschattet; Verschlossenheit; sich bei jedem Vorwärtsschritt Sorgen machen, hinter jeder Ecke etwas Schlimmes erwarten, kein Vertrauen in den Prozeß des Lebens und in das eigene Schicksal; ohne klare Richtung im Leben, die Suche nach dem Lebenssinn aufgegeben haben, kein Kontakt zur intuitiven Führung.

Positiver Selbstausdruck:
Entwickelt Gelassenheit durch zunehmendes Vertrauen in die eigenen Fähigkeiten; entdeckt Vertrauen zu Mitmenschen und dem Leben im allgemeinen wieder; findet neue Wege, um unangenehme Umstände zu ändern; erkennt, daß es manchmal in schwierigen Lagen durch einem Schritt rückwärts zu einem Schritt vorwärts kommt; nimmt Herausforderungen mit verstärktem Mut an; genießt „Gewitter", die die Atmosphäre reinigen.

Visualisierung:
Visualisieren Sie diese große Blüte, die Ihren Lebenspfad freimacht, damit Sie innere Freiheit und Glauben wiedergewinnen und auf dem Lebensweg voranschreiten können.

Affirmation
Ich bin sicher und mutig.

Guava
(PSIDIUM GUAJAVA)

Die Guava wird von den Ureinwohnern vieler Länder geschätzt. Sie wurde in Peru wahrscheinlich schon vor Jahrtausenden gezüchtet, denn man fand dort bei archäologischen Ausgrabungen Guavasamen. Auch in Australien gibt es viele Guavaarten. Guava hat sehr hartes Holz, wächst verhältnismäßig schnell 3 bis 10 m hoch. Die ledrigen Blätter sind sattgrün. Die kleinen, schneeweißen, duftenden Blüten zeigen sich in tropischen Gebieten das ganze Jahr über. In kühleren Gebieten blüht die Guava nur ein- oder zweimal im Jahr. Die zarten Blüten strahlen Reinheit, Ehrlichkeit und Klarheit aus.

∾ Unausgewogenheiten:
Erschöpfung durch Spannung, Nervosität, Unruhe, Aufregung und Angst; mangelnde Konzentrationsfähigkeit; Lernschwierigkeiten; geistige und körperliche Unausgeglichenheit; schnelles Aufgeben angesichts von Schwierigkeiten.

∾ Positiver Selbstausdruck:
Wird ruhig, gelassen und ausgeglichen, erlangt inneren Frieden und geistige Klarheit; geht das Leben mit einer positiven Grundhaltung an; tritt in Kontakt mit der inneren Führung; hilfreich für Kinder bei Lernschwierigkeiten, Nervosität und Hyperaktivität.

∾ Visualisierung:
Stellen Sie sich diese zarten, weißen Blüten vor, die Ihr Gemüt, den Körper und den Geist reinigen und beruhigen.

Affirmation
Ich glaube an meine Fähigkeiten.

Illawarra Flame Tree
(BRACHYCHITON ACERIFOLIUS)

D er Flammenbaum wächst bis zu 30 m hoch. Seine Blätter sind dunkelgrün, stark gezahnt und bis zu 20 cm groß. Der Illawarra Flame Tree steht meist allein und ist selten in dichtem Buschland zu finden. Er wirft die meisten Blätter während seiner Blütezeit im späten Winter oder frühen Sommer ab und zeigt sich dann in einem unglaublich grellen Rot. Es ist eine Augenweide, wenn man diesen Baum in voller Blüte auf Reisen durch das Illawarra-Gebiet südlich von Sydney sieht.

Unausgewogenheiten:
Unvermögen, verborgene Fähigkeiten zu nutzen; Angst, zurückgewiesen oder im Stich gelassen zu werden; sehr empfindlich; unsicher trotz selbstsicheren Auftretens; wenig Eigenständigkeit beim Treffen von Entscheidungen; negative Grundstimmung, Denk- und Verhaltensmuster; Mangel an Selbstliebe und Selbstvertrauen; Scheu vor Verantwortung und Verpflichtungen.

Positiver Selbstausdruck:
Gewinnt Vertrauen und Selbstsicherheit; geht Verpflichtungen mutig ein und übernimmt Verantwortung; entwickelt Klarheit über den eigenen Weg, Akzeptanz und Anpassungsfähigkeit; läßt wahre Gefühle zu und kann sie zeigen; bringt aufgeschobene Angelegenheiten zum Abschluß; läßt sich wieder auf die Liebe ein.

Visualisierung:
Stellen Sie sich diese strahlend roten Blüten vor, die Sie öffnen und stärken und Ihre innere Flamme anzünden und damit wieder den Weg ins Leben ebnen.

Affirmation
Ich bin schön und stark.

Isopogon
(ISOPOGON ANETHIFOLIUS)

Isopogon mit allen ihren 35 Arten hat ihre Heimat in Australien. Im Volksmund nennt man sie „Drumsticks", weil die geraden Stiele mit dem runden Samenkopf Trommelschlegeln ähneln. Der Isopogonstrauch wächst bis zu 2 m hoch und liebt sonnige, trockene Lagen. Die jungen Triebe haben häufig eine rötliche Farbe. Die auffallend gelben Blütenköpfe haben einen Durchmesser von 2,5 cm und ragen im Frühjahr stolz über die Pflanze hinaus. Isopogon erweckt ein Gefühl von Kenntnis und Vertrauen.

∾ Unausgewogenheiten:
Durch den Verstand beherrscht, der Kopf ist wie ein ständig arbeitendes Uhrwerk; schlechtes Erinnerungsvermögen; das Gemüt ist verarmt, das Herz erkaltet; Tendenz zu Hartnäckigkeit, mangelnde Flexibilität und Anpassungsfähigkeit; wenig bereit, aus Erfahrungen zu lernen; Schwierigkeiten, zu vergeben und zu vergessen.

∾ Positiver Selbstausdruck:
Lernt aus guten und schlechten Erfahrungen; besseres Erinnerungsvermögen; kann sich selbst und anderen vergeben; ist selbstsicher in der Öffentlichkeit; weiß, daß es keinen Grund gibt, sich zu verstecken, wenn man sich der eigenen Wahrheit sicher ist; nimmt die Wahrheit von anderen an, ohne gekränkt zu sein; vermag zu akzeptieren, zu verzeihen und loszulassen; der Verstand kommt zur Ruhe, das Herz öffnet sich, die Liebe beginnt zu fließen.

∾ Visualisierung:
Stellen Sie sich die großen gelben Blüten vor, welche negative Gedanken und emotionale Muster reinigen und Ihr Herz öffnen.

⟼ *Affirmation* ⟻
Ich schätze meine Vergangenheit und gehe mutig vorwärts.

Jacaranda
(JACARANDA MIMOSIFOLIA)

Wegen der spektakulären rot-blauen Farbkombination wird Jacaranda oft zusammen mit dem Illawarra Flame Tree gepflanzt. Jacaranda wächst bis zu 30 m hoch und breitet sich auch mit dem gleichen Durchmesser aus. Die blauen Trompetenblüten hängen in großen Mengen von den grauen Zweigen. In trockenen Jahren zeigen sie sich in der größten Pracht. Es ist ein wunderbares Gefühl, unter einem blühenden Jacarandabaum zu stehen. Die Blüten haben eine beruhigende und entspannende, ja kühlende Wirkung.

∾ Unausgewogenheiten:
Emotionale Verwirrtheit, Zerstreutheit, Unkonzentriertheit, Ungeduld; häufiges Ändern der Richtung, häufiger Wechsel von Partner, Wohnung oder Arbeitsplatz, immer in Eile; Ängstlichkeit, wahre Gefühle tief zu empfinden oder gar auszudrücken; Schwierigkeiten, mit anderen zusammenzuarbeiten, daher lieber allein arbeitend; Einzelgänger mit Tendenz zum Egoismus.

∾ Positiver Selbstausdruck:
Gewinnt Ruhe, Stetigkeit und Entschlossenheit; entwickelt klare Gedanken, konzentriert sich besser auf das Wesentliche; fällt Entscheidungen leichter; beschränkt Handlungen auf das Wichtige; öffnet sein Herz, Gefühle werden spürbar und innere Ruhe kehrt ein; flexibler und offener bei der Arbeit mit anderen, zeigt sich hilfsbereit und verständnisvoll.

∾ Visualisierung:
Stellen Sie sich diese atemberaubenden blauen Blüten vor, die Sie mit Frieden und Klarheit umgeben und Ihre intuitive Weisheit wieder fließen lassen.

Affirmation
Ich bin zentriert und klar.

Kangaroo Paw
(ANIGOZANTHOS MANGLESII)

Kangaroo Paw ist im Südwesten von Australien zuhause und erinnert an Grasbüsche, hat aber schmale Blätter, die bis zu 80 cm lang werden. Die Känguruhpfote liebt steinige und sonnige Lagen. Wenn man die Blüten betrachtet, versteht man, warum sie diesen Namen haben: Sie sehen wie kleine Känguruhpfoten aus. Die auffallend farbenfrohen, grünroten Blüten, 9 pro Stiel, blühen während vieler Wochen im Frühjahr und im Frühsommer, eine nach der anderen. Die 6 Blütenblätter der Kangaroo Paw sind spiegelsymetrisch angeordnet.

∿ Unausgewogenheiten:
Naivität, Taktlosigkeit, Unaufmerksamkeit, Unbeholfenheit; Schwierigkeiten in der Kommunikation mit Mitmenschen; unsicher in der Nähe anderer; manchmal unbeteiligt, abwesend und abweisend; unempfindlich gegenüber Kritik; „Alles-egal-Gefühl"; Desinteresse an Kontakten, keine echten Freunde.

∿ Positiver Selbstausdruck:
Wird freundlich und einfühlsam anderen gegenüber, die Zeit mit anderen wird genossen; Entspannung nimmt zu; vermag zur rechten Zeit am rechten Ort zu sein; entwickelt eigene Vorstellungen und neue Ziele; teilt Schwierigkeiten mit echten Freunden, bleibt gelassen in schwierigen Lagen; strahlt Liebe, Respekt und Wohlwollen aus.

∿ Visualisierung:
Stellen Sie sich die außergewöhnlichen Blüten der Kangaroo Paw vor und konzentrieren Sie sich darauf, wie diese Ihre eigene Schönheit widerspiegeln.

⚊ *Affirmation* ⚊
Ich bin glücklich und aufnahmebereit.

Lantana
(Lantana camara)

W eiße Siedler brachten Lantana als immergrüne anspruchslose Zierpflanze nach Australien. Durch diese Anspruchslosigkeit entwickelte sich Lantana im östlichen Küstenbereich Australiens zu einem Umweltproblem, da sich dieser Busch unaufhaltsam als undurchdringliches Dickicht ausgebreitet hat. Das Wandelröschen hat einen sehr eigenartigen Geruch. Die Blüten ändern ihre Farbe von Gelb bis zu einem kräftigen Rot, wobei in der kühleren Jahreszeit mehr gelblich-rosa Blüten auf der gleichen Pflanze zu finden sind als in der wärmeren Jahreszeit, wenn die Farbe mehr ins Dunkelgelbe und Rote übergeht.

∼ Unausgewogenheiten:
Neigung, andere zu unterdrücken; manchmal geistig abwesend; unschlüssig und mit vielen „Gesichtern"; obwohl es leicht fällt, Freunde oder Partner zu finden, gibt es Probleme, Partnerschaften, Freundschaften oder Geschäftsverbindungen aufrechtzuerhalten, da emotionale Tiefe fehlt; Mangel an echter Freude.

∼ Positiver Selbstausdruck:
Vermag Beziehungen und Freundschaften Tiefe zu verleihen; tolerant und offen; konzentriert sich auf wichtige Ziele und trifft Entscheidungen; paßt sich neuen Lagen an; setzt seine Energien zielgerichtet ein; meistert Hindernisse leichter.

∼ Visualisierung:
Stellen Sie sich diese vielfarbigen Blüten vor, die Ihnen Vertrauen und Weisheit für Ihre Beziehungen und Freundschaften schenken.

∼ *Affirmation* ∼
Ich öffne mich, um Freundschaft zu genießen.

Macadamia
(MACADAMIA INTEGRIFOLIA)

Macadamia hat ihren Ursprung in Queensland und wird daher auch „Queenslandnuß" genannt. Es gibt 10 Macadamiaarten, die sich alle sehr ähnlich sind. Dieser subtropische immergrüne Baum wächst bis zu 15 m hoch und hat sehr harte, lederige Blätter. Zahlreiche cremeweiße Blüten hängen an über 20 cm langen Blütenbändern von den Ästen. Macadamia blüht in gemäßigten Zonen im Frühjahr und in den Tropen eine erhebliche Zeit des Jahres. Macadamiablüten haben einen feinen, angenehmen Duft.

᧙ Unausgewogenheiten:
Gibt sich äußerlich stark, hat aber ein empfindsames Wesen; mangelnde Selbstliebe; fehlendes Selbstvertrauen; Schuldgefühle, verursacht durch Handlungen in der Vergangenheit; ungelöste Probleme können zu Eifersucht und Neid führen.

᧙ Positiver Selbstausdruck:
Erlangt Lebensfreude durch Überwindung von Eifersucht und Neid; vergibt sich selbst und anderen, findet Liebe und Vertrauen wieder; löst Probleme leicht sowie mit Kraft und Güte; denkt klar und konstruktiv und handelt dementsprechend.

᧙ Visualisierung:
Stellen Sie sich cremeweiße Blütenbänder vor, die zerstörende Gefühle lösen und reinigen. Sie leben in diesem Moment und geben sich der Liebe hin.

⤳ Affirmation ⤳
Ich liebe mich und vergebe mir selbst.

Manna Gum
(EUCALYPTUS VIMINALIS)

Der Manna Gum wird bis zu 50 m hoch und gehört zur Eukalyptusfamilie. Sein Stamm kann einen Durchmesser von bis zu 1,5 m erreichen. Man findet ihn in in feuchten Gebieten, in der Nähe von Wasserläufen an der östlichen Küste, aber auch in Südaustralien. Er wächst bis in Höhenlagen von 1400 m. Die weißen Blütendolden haben 3 bis 7 einzelne Blüten mit bis zu 2 cm Durchmesser. Die Eigenart dieses Baumes ist, daß man blühende Bäume über das ganze Jahr hinweg findet. Die Blätter des Manna Gum zählen zu den Lieblingsmahlzeiten der Koalas.

∾ Unausgewogenheiten:
Eingeengt durch zu hohe Selbstanforderung und selbst auferlegte Regeln; sich in Einzelheiten verlieren und „den Wald vor lauter Bäumen" nicht sehen; Schwierigkeit, der inneren Stimme zu glauben; wenige, aber treue Freunde, manchmal aber auch extremer Einzelgänger; Schwierigkeit, in der Gegenwart zu leben und diese zu genießen; Probleme, mit einer neuen Situation oder Umgebung fertig zu werden; intolerant.

∾ Positiver Selbstausdruck:
Befreit sich von zu engen Strukturen; genießt jeden Moment des Lebens; öffnet sich für neue Kontakte und Gegebenheiten; entwickelt wieder Kraft und Vertrauen, um Entscheidungen zu treffen.

∾ Visualisierung:
Stellen Sie sich die das Herz wärmenden weißen Blüten vor, die Ihnen die Freude am Jetzt schenken.

Affirmation
Ich bin frei und spontan.

Mistletoe
(AMYEMA CAMBAGEI)

Es gibt über 2000 verschiedene Mistelarten. Misteln sind Schmarotzer. Verwendet man die Mistel medizinisch, ist es wichtig zu berücksichtigen, auf welcher Wirtspflanze sie wächst. Die für die Love Remedies verwendeten Misteln wachsen ausschließlich auf der She Oak. Während man andere Misteln schon aus großer Entfernungen sehen kann, paßt sich diese Mistel ihrer Gastpflanze so an, daß die meisten Menschen diese Mistel noch nie entdeckt haben. Die kleinen Früchte der meisten Mistelarten haben ein klebriges, aber sehr gut schmeckendes Fruchtfleisch mit einem Samenkern.

∾ Unausgewogenheiten:
Sehr weich und überempfindlich; manchmal gedrückt und überemotional; Angst vor der Zukunft; Bedenken, sich auf die eigenen Füßen zu stellen; Neigung zu Abhängigkeitsverhältnissen; gelegentlich mangelndes sexuelles Interesse, Depression, Trauer.

∾ Positiver Selbstausdruck:
Unabhängig; sexuell ausgeglichen; emotional stabil; fähig, der zu sein, der man wirklich ist; meistert Krisen; überwindet durch Akzeptanz Trauer und Krankheit; hat Mut, zu sich selbst zu stehen; erkennt das eigene Potential; Selbstvertrauen.

∾ Visualisierung:
Stellen Sie sich die rot-grünen Blüten vor, die Ihnen die Kraft geben, Trauer und Krankheit zu überwinden und zu Ihrem Potential zu finden.

➤ *Affirmation* ➤
Ich vertraue auf mich selbst und meine Zukunft.

Mountain Devil
(LAMBERTIA FORMAOSA)

Nur eine der insgesamt 10 Mountain-Devil-Arten ist in New South Wales zuhause, die anderen stammen aus Western Australia. Dieser aufrecht wachsende, buschige Strauch kann bei einem Durchmesser von mehr als 1,5 m über 2 m hoch werden. Der Mountain Devil liebt trockene, sonnige Lagen. Er teilt sich mit vielen anderen Büschen dünnbewaldete Berghänge. Die knallroten oder rosa Blüten des Mountain Devil heben sich kräftig gegen die langen schmalen Blätter ab.

Unausgewogenheiten:
Mangelnde Liebe; mit sich selbst beschäftigt; Scheuklappen vor den Augen; Zweifel aufgrund schlechter Erfahrungen aus der Vergangenheit; Ärger und Groll über sich selbst, Wut auf andere; Gefühle von Haß, Argwohn und Eifersucht.

Positiver Selbstausdruck:
Findet Lebensfreude wieder; Ärger und Verstimmung verfliegen; vergibt sich selbst und anderen; achtet das Schicksal anderer; erfährt Glücksgefühle und Freude über sich selbst; drückt Nächstenliebe, Vertrauen, Toleranz und Vergebung aus; liebt und achtet sich selbst.

Visualisierung:
Stellen Sie sich diese exotische rote Blüte vor, die Sie von tiefsitzenden emotionalem Schmerz befreit und Ihnen Liebe und Vergebung schenkt.

Affirmation
Ich lasse die Vergangenheit mit Liebe los.

Old Man Banksia
(BANKSIA SERRATA)

Farbenfreudige Banksias sind das Symbol des australischen Busches. Es gibt 75 Arten der Gattung Banksia, die in Australien gedeihen. Die Old Man Banksia wächst bis zu 11 m hoch. Diese großen, kräftigen Büsche bzw. Bäume sind äußerst widerstandsfähig und auch unempfindlich gegenüber salzigen Winden am Meer. Old Man Banksia wächst manchmal direkt am Strand, wo andere Pflanzen nicht mehr in der Lage wären zu überleben. Die Old Man Banksia hat ovale, gezahnte und lederige Blätter sowie grüngelbe, zylindrische und etwa 20 cm große stehende Blüten. Nektaressende Vögel lieben die Banksia.

∿ Unausgewogenheiten:
Schon durch geringe Anlässe schnell entmutigt und frustriert; viele Rückschläge im Leben; auf sich alleine gestellt; mangelnde Energie; Schwierigkeiten, etwas abzusagen, ohne sich schuldig zu fühlen; Schwerfälligkeit, Müdigkeit, Entmutigung und allgemeine Frustration.

∿ Positiver Selbstausdruck:
Wendet sich mit Energie und Begeisterung dem Leben zu; gibt und empfängt in ausgeglichener Weise; kann freundlich und ohne Schuldgefühle „nein" sagen; hat neues Interesse am Leben, neue Vitalität und sprühende Lebenskraft.

∿ Visualisierung:
Stellen Sie sich diese widerstandsfähige, kräftige gelbe Blüte vor, die Ihnen wieder Lebenskraft schenkt und Ihnen erlaubt, Zeit für geistige Einblicke zu gewinnen, um Ihr Potential zu entdecken.

Affirmation
Ich gestalte mein Leben neu.

Olive
(OLEA PANICULATA)

Oliven werden seit über 4000 Jahren zur Gewinnung der Frucht und des Öls gezüchtet. In der Bibel ist die Olive häufig erwähnt. Zum Beispiel stellte Moses ein Salböl aus Gewürzen und Olivenöl her. Könige und Priester wurden mit Öl geweiht. Die Römer haben Olivenöl für die Götter verbrannt. Alle Teile des Olivenbaumes sind wertvoll, so werden z.B. Kunstwerke aus Olivenholz geschnitzt. In Australien ist eine Olivenart zuhause. Ihre kleinen gelbweißen Blüten öffnen sich in großer Zahl im Frühjahr.

Unausgewogenheiten:
Erschöpfung, ausgebrannt, ohne geistige und physische Reserven; überarbeitet, unfähig, angemessene Pausen einzulegen; sich zuviel Gedanken über andere machen; anderen gerne freiwillig helfen, nicht „nein" sagen können; nie genug Zeit für sich selbst haben; sich nicht um die eigene spirituelle Entwicklung kümmern; Versagensängste.

Positiver Selbstausdruck:
Gewinnt neue Begeisterung und Lebenskraft; bekommt wieder Energie; Lebendigkeit und Interesse; kann sich ohne Schuldgefühle abgrenzen; erfährt inneren Frieden und ein ruhiges Gemüt; besitzt die Klarheit zu wissen, was wichtig und was unwichtig ist; die Liebe zum Leben beginnt wieder zu fließen.

Visualisierung:
Stellen Sie sich die Fülle dieser zärtlichen weißen Blüten vor, die Ihnen Lebenskraft und Energie geben, damit Sie sich selbst schätzen und verwöhnen.

Affirmation
Ich ehre und liebe und achte mich.

Papaya
(CARICA PAPAYA)

Die Papaya stammt aus Südamerika. Heute ist sie jedoch in kultivierter Form in beinahe allen tropischen Ländern zu finden. Sie wurde von den Kolonisten nach Australien eingeführt. Die Papaya gehört zur Familie der Feigengewächse. Die bis zu 1 kg schweren gelben Früchte wachsen auf 6 bis 7 m hohen Bäumen. Blätter, Frucht und Schale sind reich an Vitaminen. Es existieren männliche und weibliche Bäume, wobei ein männlicher Baum genügt, um bis zu 25 weibliche Bäume zu befruchten. Es gibt auch Bäume mit männlichen und weiblichen Blüten zugleich.

∾ Unausgewogenheiten:

Vor Hindernissen und Problemen zurückschrecken; sich frustriert fühlen, da Herausforderungen nicht angenommen werden; überfordert, neue Informationen aufzunehmen; verbittert und überlastet; Schwierigkeiten, Entscheidungen zu treffen und Aufgaben anzugehen und zu lösen; Widerstand gegen Veränderung; Versagensangst; fehlender Mut.

∾ Positiver Selbstausdruck:

Gewinnt innere Ruhe und geistige Klarheit; entwickelt Vertrauen und neuen Mut, um Entscheidungen zu treffen und Probleme anzugehen; geduldig; erkennt den Standpunkt anderer an; hat die Zuversicht, daß es viele Wege zum Ziel gibt; verbesserter Zugang zum höheren Selbst und zur schöpferischen Kreativität, zunehmende intuitive Klarheit über verborgene Talente.

∾ Visualisierung:

Stellen Sie sich die weiße Blüte der Papaya vor, die Ihnen Weisheit und Klarheit für Entscheidungen gibt.

⚊ *Affirmation* ⚊
Ich bin offen und schöpferisch.

Passion

(PASSIFLORA MOLLISSIMA)

Passion (dt.: Passionsblume) ist eine schnell wachsende Kletterpflanze, die ihren Weg bis hoch hinauf in die Baumwipfel findet. Es gibt über 400 Arten. Die hier verwendete Passiflora mollissima liebt gute Erde und verträgt kälteres Klima. Die farbenfrohen roten Blüten mit dem kräftig gelben Mittelpunkt sind eine wahre Augenweide und schmücken die „Gastpflanze" in günstigen Klimazonen über das ganze Jahr hinweg. Die Früchte ähneln im Aussehen der Banane. Viele Menschen ziehen sie der echten Passionsfrucht vor, da sie sich besser verdauen läßt.

∾ Unausgewogenheiten:

Scheu und schüchtern; Mangel an Selbstvertrauen; empfindlich; zu sehr um andere besorgt; mit zu vielen Dingen zur gleichen Zeit beschäftigt, was zu Erschöpfung führt; fehlende Selbstliebe; emotionale Oberflächlichkeit, Unausgeglichenheit und Neigung zu Depressionen.

∾ Positiver Selbstausdruck:

Wird lebendig und vital, erholt sich von emotionalem Schmerz und Erschöpfung; konzentriert sich auf seinen Lebenszweck; vertraut in die eigenen Fähigkeiten; Selbstliebe; Gemütsfrieden und Glücksgefühle werden häufiger; findet Wege, um gesetzte Ziele mit der Hilfe von anderen zu erreichen; positive Lebenseinstellung.

∾ Visualisierung:

Stellen Sie sich die farbenfrohe Blüte der Passion vor, die Sie physisch und geistig mit Leidenschaft umgibt und Ihnen erlaubt, daß sich aus Mitgefühl Leidenschaft entwickelt.

Affirmation

Ich bin leidenschaftlich und habe Vertrauen.

Pigface

(CARPOBROTUS GLAUCESCENS)

Warum diese Pflanze „Schweinsgesicht" heißt, ist schwer zu erklären. Vielleicht, weil die Farbe mancher Blüten an die eines Ferkels erinnert. Es gibt aber auch weiße, gelbe und violette Blüten. Die violetten Blüten haben ein orange-gelbes Zentrum. Die Blätter sind fleischig, gefüllt mit einer geleeartigen Flüssigkeit, ähnlich der Aloe Vera. Die roten Früchte werden 2 bis 3 cm lang und schmecken salzig-süß. Pigface wächst auf sandigen Böden, ja sogar in reinem Sand, wo nichts anderes mehr gedeiht. Je extremer die Umgebung und das Klima, desto schöner blüht und wächst Pigface.

Unausgewogenheiten:
Überempfindlich; sich schnell verletzt und ausgenutzt fühlen; sich an der Vergangenheit festklammern; von anderen abhängig; nach Bestätigung suchend; Probleme, zu vergeben und zu vergessen; Neigung zur Eifersucht; nachtragend; Mangel an Selbstwertgefühl.

Positiver Selbstausdruck:
Befreit sich durch Vergebung; löst sich von emotionaler Anhaftung an alte Sorgen und Probleme, kann dadurch das Geschenk des Lebens neu annehmen und genießen; wird unabhängig und selbstsicher; übernimmt Verantwortung für eigene Gedanken und Handlungen; ist gegenüber der Zukunft positiv eingestellt.

Visualisierung:
Stellen Sie sich die intensiven Farben der Blüte vor, die Ihre Emotionen heilen, Ihren Geist erwecken und Ihren Glauben und Selbstausdruck vertiefen.

Affirmation
Ich bin unabhängig und genieße das Leben.

Pittosporum
(PITTOSPORUM UNDULATUM)

Ein sehr attraktiver Baum, der bis zu 10 m hoch wächst, in günstigen Regenwaldlagen auch höher. Pittosporum ist eine sehr widerstandsfähige Pflanze, die feuchte Lagen liebt und ihr frisches Aussehen auch unter extremen Standortbedingungen, wie salzhaltigen Meereswinden und greller Sonne, beibehält. Die glänzenden, dunkelgrünen, bis zu 12 cm langen Blätter machen Pittosporum von weitem auffällig. Die Blüten verbreiten einen bezaubernden Duft und ähneln denen der bekannten Frangipani.

ॐ Unausgewogenheiten:
Unsicher, ängstlich; echte Gefühle können nicht richtig ausgedrückt werden; Angst vor Änderungen; sexuell passiv und unklar; starke Stimmungsschwankungen und Verwirrung, bei Frauen besonders in der Pubertät und in den Wechseljahren; Probleme mit der Annahme der weiblichen bzw. männlichen Seelenanteile, bei Männern besonders in der Midlife-crisis; oft auch Partnerschaftsprobleme als Spiegelbild eigener innerer Unausgeglichenheit.

ॐ Positiver Selbstausdruck:
Gesteigerte sexuelle Freude; gewinnt Selbstbewußtsein und innere Harmonie zurück; bewältigt Änderungen im Leben; verbessert das Verständnis dem Partner gegenüber; überwindet Trauer; akzeptiert Situationen, die nicht geändert werden können; gleicht männliche und weibliche Energien aus.

ॐ Visualisierung:
Stellen Sie sich diese exotischen weißen Blüten vor, die einen inneren Ausgleich in Mann und Frau schaffen. Lassen Sie die Zukunft sich aus Ihrer persönlichen Weisheit heraus entfalten.

Affirmation
Ich bin gefühlvoll und stark.

Plumbago
(PLUMBAGO ZEYLANICA)

Plumbago mit ihren frischen, zartgrünen Blättern teilt ihren Lebensraum auf guter, feuchter Erde auf engem Raum mit anderen Büschen. Die kräftig blauen, manchmal aber auch weißen Blüten ragen über die Kronen anderer Büsche oder kleiner Bäume heraus, weit entfernt von dem Wurzelstock der Plumbago. Die Blütezeit ist je nach Lage nahezu ganzjährig und macht den Bleiwurz zu einer sehr dankbaren Pflanze, an der man sich täglich erfreuen kann.

∿ Unausgewogenheiten:
Sich eingeschlossen fühlen; Konflikte mit Familienmitgliedern, Kollegen und Freunden, weil man sich verpflichtet fühlt; Gefühle von Schuld und Ärger werden unterdrückt; Angst, so zu sein, wie man ist; übersensibel; unsicher.

∿ Positiver Selbstausdruck:
Ist emotional ausgeglichen; erkennt die eigenen wahren Gefühle und kann diese auch ausdrücken; gewinnt neue Lebenskraft, Vertrauen und Mitgefühl für andere und sich selbst; nimmt verdienten Erfolg an; versteht die Lektionen des Lebens in allen Ereignissen; Klarheit und Freude dominieren den Augenblick.

∿ Visualisierung:
Stellen Sie sich die kräftig blauen Blüten vor, die Sie in die Gegenwart bringen und den Weg für eine freie Zukunft öffnen.

⟿ Affirmation ⟼
Ich bin ein großzügiges, befreites Wesen.

Red Grevillea
(GREVILLEA SPECIOSA)

Red Grevillea wird auch „Rote Spinne" (Red Spider) genannt, weil sie ähnlich wie eine Spinne aussieht. Sie gehört zur gleichen Familie wie Grey Spider, und man findet häufig die beiden Pflanzen Grey Spider und Red Spider nahe beieinander. Die Red Grevillea wächst in offenen Gebieten und wird bei einem Durchmesser von 1 m bis zu 2 m hoch. Die Blätter sind länglich schmal bis oval. Red Grevillea blüht fast das ganze Jahr.

❧ Unausgewogenheiten:
Sich von der Außenwelt abgekapselt oder in einer ausweglosen Situation gefangen fühlend; unfähig, den Kurs zu ändern; abhängig von der Meinung anderer; Widerstand, konstruktive Kritik anzunehmen; an materiellen Dingen festhaltend; Schwierigkeiten, Groll oder Ärger loszulassen; übersensibel; redselig.

❧ Positiver Selbstausdruck:
Achtet sich selbst und ist mutig; fähig zu Änderungen, befreit sich von Ängsten; ist offen für Kritik; findet Trost und Freude in der Gegenwart; versteht, daß alles, was im Leben geschieht, eine Lehre ist; kann sich besser abgrenzen und nimmt eine gelassene Haltung dem Denken anderer gegenüber ein; strahlt Liebe und Selbstvertrauen aus.

❧ Visualisierung:
Stellen Sie sich die rote Grevilleablüte vor, die Ihnen Mut und innere Kraft auf Ihrer eigenen geistigen Reise gibt.

— Affirmation —
Ich bin froh und ausgeglichen und kann meine eigenen Entscheidungen treffen.

Ribbon Gum
(EUCALYPTUS ELATA)

D iesen Eukalyptus findet man an Flüssen und in Küstenwäldern in New South Wales und Victoria. Der aufrechte, stolze Baum wächst auf guten Böden bis zu 45 m hoch. Die dunkelbraune faserige Rinde löst sich in langen Streifen von der nachwachsenden weißen jungen Rinde ab und hängt dann in langen Bändern vom Stamm oder von den Ästen. Deshalb wird dieser Baum auch „Ribbon Gum" genannt. Sein Spitzname „Pfefferminz-Eukalyptus" kommt von seinen stark nach Pfefferminze duftenden Blättern. Die weißen, manchmal cremefarbigen Blütendolden haben einen Durchmesser von 1,5 cm mit 15 bis 40 einzelnen Blüten.

Unausgewogenheiten:
Geistig überarbeitet; Kommunikationsschwierigkeiten durch mangelnde Deutlichkeit und Zuverlässigkeit; mangelnde Selbstbestätigung; zu hohe Erwartungen an sich selbst und andere; besitzergreifend und eifersüchtig in Freundschaften oder Beziehungen; Angst vor Ablehnung und Alleinsein.

Positiver Selbstausdruck:
Denkt klar; öffnet sich für sachliche, ehrliche Kommunikation; akzeptiert sich selbst und andere; hat keine Angst vor dem Alleinsein; kann Beziehungen besser genießen; steht aufrecht unter anderen; verbindet sich mit Menschen, um gemeinsame Ziele zu erreichen; nutzt Erfahrungen aus der Vergangenheit, um wertvolle und notwendige Lehren daraus zu ziehen.

Visualisierung:
Stellen Sie sich die weichen weißen Blüten vor, die Ihnen Klarheit und das fundamentale Recht zurückgeben, Ihre eigene Wahrheit auszudrücken.

Affirmation
Ich kann mich mitteilen und offen ausdrücken.

Sensitive Plant
(MIMOSA PUDICA)

Die Sensitive Plant kam mit den europäischen Siedlern nach Australien und hat sich in manchen Gebieten ausgebreitet. Die Mimose wächst als kleiner Strauch bis zu 1 m hoch und hat an den Trieben Stacheln zur Verteidigung. Schon bei der geringsten Berührung oder gar nur bei Annäherung eines warmen Gegenstandes klappen die grünen Blätter sehr schnell zusammen und zeigen dann trocken aussehende Stacheln. Die runden rosafarbenen Blütenköpfe bilden sich in den Blattachseln.

‿ Unausgewogenheiten:
Überempfindlich und unsicher; verschlossen oder intolerant, sobald auch nur die kleinste Unannehmlichkeit zu spüren ist; mißtrauisch; Angst vor Änderungen und vor emotionalen Verletzungen; Scheu vor engen Beziehungen oder Freundschaften; geringer Sexualtrieb; tief verletzt und an ungelösten Problemen leidend; mangelndes Selbstbewußtsein; oft Angst vor Einbrechern.

‿ Positiver Selbstausdruck:
Gewinnt Vertrauen zu sich und seinem Potential zurück; lebt Freundschaften und Beziehungen voller Vertrauen; empfindet Freude im sexuellen Bereich; vergißt Ärger, indem er die Vergangenheit annimmt; erfährt inneren Frieden durch Leben in der Gegenwart; hat die Klarheit, schwierige Lagen zum eigenen Vorteil zu wenden; versteht, daß die Zeit eine große Heilerin ist.

‿ Visualisierung:
Stellen Sie sich die feinen, weichen, rosafarbenen Blüten vor, die Ihnen bei Ihrer Reise zum inneren Frieden helfen und Sie die Grenzen der Vergangenheit überwinden lassen.

⟶ Affirmation ⟵
Ich bin mutig und vergebe.

She Oak Female
(PODOCARPUS ELATUS)

She Oak bildet an einem Baum entweder nur weibliche oder aber männliche Blüten aus. So ist also zwischen She Oak Female und She Oak Male zu trennen. Zur Blütezeit kann man schon von weitem die männlichen und weiblichen Bäume unterscheiden. Die weiblichen Bäume haben kleine rote Blüten, die mit ihren feinen Haaren den männlichen Blütenstaub auffangen.

∾ Unausgewogenheiten:
Aus Angst vor echter Weiblichkeit nach außen hin übertrieben feminin oder die männliche Seite überbetonend, um die weibliche Seite zu schützen; gefangen in kindlichem Verhalten; oft unerklärliche Sterilität und hormonelle Störungen; überempfindlich und Angst zu versagen; ungeklärte Konflikte mit der Mutter oder Frauen; Partnerschaftsprobleme.

∾ Positiver Selbstausdruck:
Wird psychisch und physisch stabiler und belastbarer; gewinnt persönliche Kraft, Sicherheit und Vertrauen zurück; erkennt die eigene innere Schönheit; vertieft partnerschaftliche Beziehungen, die Fruchtbarkeit wird erhöht; kann vergangene Probleme mit Frauen annehmen und löst diese dadurch.

∾ Visualisierung:
Stellen Sie sich die rote Blüte der weiblichen She Oak vor, die Sie dabei unterstützt, Veränderungen anzunehmen und in Ihre eigene Kraft zu kommen.

⟶ *Affirmation* ⟵
Meine weibliche Seite ist sicher und stark.

She Oak Male
(PODOCARPUS ELATUS)

Die männlichen Blüten des She-Oak-Baumes sind rostbraun und geben dem Baum ein eher abgestorbenes Aussehen. Bei näherem Hinschauen erkennt man, daß der Baum eine Unmenge Blütenstaub erzeugt, der bei kleinen Windstößen in Wolken zu den weiblichen Bäumen getragen wird.

ᐁ Unausgewogenheiten:
Äußerlich stark erscheinende, aber innerlich weiche, sensible Persönlichkeit; sehr streng zu sich selbst; durch emotionale Anspannung schnell erschöpft; Schwierigkeiten, zu vertrauen und tiefe Gefühle zu teilen; inneres Chaos; sexuell unsicher; Angst vor Enttäuschungen; in schwierigen Lagen leicht resigniert; ungeklärte Vaterproblematik, Probleme mit männlichen Energien.

ᐁ Positiver Selbstausdruck:
Nimmt sich selbst an; findet innere Freiheit und geistigen Frieden; vertraut in Beziehungen und im sexuellen Bereich; kann andersgeschlechtliche Energien besser integrieren; nimmt sich Zeit, um den Anforderungen des Leben zu begegnen; öffnet sich, um die Fülle der Natur zu erfahren; gewinnt Selbsterkenntnis und Selbstwertschätzung.

ᐁ Visualisierung:
Stellen Sie sich die Blüten vor, wie sie tiefsitzende emotionale Spannungen lösen und den Mut schenken, alte Konflikte aufzulösen und Klarheit zu schaffen.

ᐟ Affirmation ᐠ
Ich bin Herr meiner Vergangenheit, Gegenwart und Zukunft.

Silky Oak
(GREVILLEA ROBUSTA)

Die Silky Oak ist in Queensland und New South Wales beheimatet. Die Seideneiche steht gerne allein auf freiem Gelände und wird bis zu 30 m hoch. Ihre goldenen Blüten schmücken den Baum mit den silbernen Blättern vier Wochen lang im November und Dezember. Die großen, auffallenden Blüten werden bis zu 17 cm lang und gleichen einer großen Haarbürste. Sie ziehen nicht nur die menschliche Aufmerksamkeit auf sich, sondern auch die der nektarsuchenden Vögel und Insekten.

Unausgewogenheiten:
Ohne klare Ziele; Gefühl von Hoffnungslosigkeit und Verlorensein; frustriert und blockiert durch Erinnerungen an vergangene Erlebnisse; oft depressiv; eifersüchtig; Schuldgefühle aufgrund früherer Fehler.

Positiver Selbstausdruck:
Erkennt seine Ziele wieder klar und blickt positiv in die Zukunft; befreit sich von destruktiven Gefühlen und kann sich für frühere Fehler vergeben; entwickelt Selbstliebe und Liebe für andere; hört besser zu und erkennt dadurch das große Ganze.

Visualisierung:
Stellen Sie sich die großen, goldenen Blüten vor, die Ihnen Einsicht und Kraft geben, selbstgesetzte Grenzen zu sprengen, damit Ihre spirituelle Entwicklung fortschreiten kann.

Affirmation
Ich habe Klarheit und Vertrauen.

Slender Rice

(PIMELA LINIFOLIA)

S lender Rice ist entlang der gesamten Ostküste von Tasmanien bis Queensland sowie in Südaustralien weit verbreitet. Dieser Strauch ist sehr anpassungsfähig. Die Reisblume hat in kargen Küstengebieten einen niedrigen Wuchs, während sie in geschützten, offenen Wäldern bis zu 60 cm hoch wächst. Die bis zu 2,5 cm langen Blätter sind oval oder länglich. Die weißen Blütenköpfe, die in seltenen Fällen auch rosafarben sind, ragen weit über die Pflanze hinaus. Slender Rice blüht ganzjährig.

∾ Unausgewogenheiten:

Übertriebener Ehrgeiz; Eifersucht; mangelnde Demut und Bescheidenheit; Intoleranz; Engstirnigkeit; mißtrauisch anderen gegenüber; Schwierigkeiten, wahre Gefühle zu zeigen; Angst vor Ablehnung.

∾ Positiver Selbstausdruck:

Ist kooperativ; erkennt die Geschenke und die guten Eigenschaften anderer an; genießt persönlichen Erfolg und Anerkennung, Harmonie und inneren Frieden; Zuversicht in die Entwicklung des eigenen Potentials.

∾ Visualisierung:

Stellen Sie sich diese kleinen weißen Blüten vor, die Ihnen die Fähigkeit geben, andere anzunehmen und wieder Vertrauen zu sich zu finden.

⤙ *Affirmation* ⤚
Ich akzeptiere andere und mich selbst.

Stinging Tree

(Dendrocnide excelsa)

Der Stinging Tree wird bis zu 40 m hoch. Vor diesem Baum haben auch die härtesten Buschmänner höchsten Respekt. Die Blätter sind herzförmig, bis zu 30 cm lang und haben, wie die Brennessel, Haare auf der Unterseite, die man auch schon bei kleinster Berührung nie mehr im Leben vergessen wird. Berichten zufolge verursachen sie unerträglich starke Schmerzen, die mehrere Tage anhalten und bei Temperaturwechseln, z.B. beim Baden, noch nach Monaten spürbar sein können. Die gelblich-grünen, manchmal violetten Blüten des Stinging Tree bilden sich in Trauben an den Astspitzen.

Unausgewogenheiten:
Unduldsam und intolerant, auch zu sich selbst; verschlossen und Kontakt vermeidend; Angst, Gefühle zu zeigen oder Fehler zuzugeben; verbittert; nach Bestätigung bei anderen suchend.

Positiver Selbstausdruck:
Geduldig und zufrieden mit sich selbst und anderen; nimmt Anteil und zeigt Mitgefühl mit Freunden und Bekannten; vertraut sich selbst und anderen; erkennt, daß alles einen Sinn hat und daß es kein Licht ohne Schatten geben kann; gewinnt geistigen Frieden zurück.

Visualisierung:
Stellen Sie sich die violetten Blüten vor, die Ihnen Ausstrahlung und innere Weisheit geben.

Affirmation

Ich achte mich selbst und andere.

Sunshine Wattle
(ACACIA TERMINALIS)

Es gibt über 800 verschiedene Wattle-arten (Akazien) in Australien. Die Wattle wächst in sandigem Boden am Meer, im Regenwald und im trockenen Landesinneren. Es gibt kleine, kräuterähnliche Wattles (Acacia baueri), aber auch stattliche Bäume (Acacia bakeri), die in guten Lagen über 35 m hoch werden. Wattles breiten sich hervorragend auf frisch gerodeten Flächen oder nach Buschfeuern aus. Sie sind Pionierpflanzen, da sie den Boden anreichern, Schatten spenden und infolge ihrer verhältnismäßig kurzen Lebensspanne Platz und Nährstoffe für die nachfolgenden Pflanzen schaffen.

ॐ Unausgewogenheiten:
Das Leben erscheint als düster und die Zukunft wird schwarz gesehen; Neigung zu Pessimismus; Zweifel am Sinn des Lebens; unfähig, die Vergangenheit abzuschütteln und die Gegenwart, das Hier und Jetzt, zu leben; kein Respekt und keine Dankbarkeit für das Leben.

ॐ Positiver Selbstausdruck:
Ist optimistisch in allen Dingen, sieht das Leben wieder in bunten Farben und genießt es dankbar; fühlt, daß das Leben noch große Freude bringen wird; ist selbstbewußt und hat den Mut, Neues zu schaffen.

ॐ Visualisierung:
Stellen Sie sich die hellen, sonnigen Blüten vor, die Sie freudig ermutigen, die Vergangenheit abzulegen und das Leben optimistisch zu sehen.

Affirmation
Ich lebe freudig und bin offen für Neues.

Tea Tree
(MELALEUCA ERICIFOLIA)

Melaleuca ericifolia wird oft auch Sumpf-Teebaum genannt, weil er in sumpfigem Gelände, wo nichts anderes mehr wächst, hervorragend gedeiht. Er wächst aber auch in extrem trockenen Lagen, wenn auch wesentlich langsamer. Tea Trees sind besonders vital, sogar verbrannte oder abgeholzte Tea Trees schlagen sofort wieder aus, solange das Wurzelwerk noch einigermaßen intakt ist. Melaleuca ericafolia wächst bis zu 4 m hoch, hat eine braungraue, papierähnliche Rinde und sehr schmale Blätter, die 2 bis 8 cm lang werden. Die zylindrischen Blüten sind weiß bis cremefarben.

❧ Unausgewogenheiten:
Geistige Qualen und Verwirrung; Neigung, sich in Kleinigkeiten zu verzetteln und keine Lösungen zu finden; gelegentlich physische Schwäche, Schock, Angst oder Sorgen; ausgebrannt; tiefsitzende Trauer.

❧ Positiver Selbstausdruck:
Löst Probleme mit intuitiver Klarheit; überwindet Probleme aus der Vergangenheit mit innerer Kraft und Zuversicht; denkt konstruktiv und vertraut in den Prozeß des Lebens.

❧ Visualisierung:
Stellen Sie sich die weißen bürstenähnlichen Blüten vor, die alte Begrenzungen überwinden und den Weg zur Klarheit frei machen.

∼ *Affirmation* ∼
Ich bin geheilt und froh. Alles ist gut, so wie es ist.

Waratah
(TELOPEA SPECIOSISSIMA)

Die Waratah wächst ausschließlich in New South Wales und Victoria. Sie wird bis zu 3 m hoch und erlangt einen Durchmesser von etwa 1,5 m. Die lederigen, gezahnten, ovalen Blätter sind dunkelgrün und werden bis zu 15 cm lang. Waratah liebt feuchte Böden und wächst in offenem Buschland und an Waldrändern. Es ist eine ganz besondere Freude, im Frühjahr eine blühende Waratah im Busch zu finden. Diese majestätische Pflanze mit ihren großen dunkelroten Blüten mit einem Durchmesser von bis zu 15 cm hat eine unglaubliche Anziehungskraft.

Unausgewogenheiten:
Hoffnungslosigkeit, Verzweiflung; tiefe Traurigkeit; Gram über den Verlust eines Menschen; mangelnde Fähigkeit, Lebenskrisen emotional zu bewältigen.

Positiver Selbstausdruck:
Findet persönlichen Glauben und Mut wieder; paßt sich den Umständen des Lebens an und trifft konstruktive Entscheidungen; kann sich selbst annehmen; nimmt auf sich selbst Rücksicht; entwickelt eigene wahre Gefühle, ungeachtet dessen, was andere davon halten; gibt dem Feuer der Liebe die nötige Luft; zeigt Ausdauer und Vertrauen in das Leben.

Visualisierung:
Stellen Sie sich diese majestätischen, kräftig roten Blüten vor, die Ihnen den Mut geben, Ihr Leben ganz neu zu beginnen.

Affirmation
Ich bin optimistisch und glaube an mein Potential.

Wedding Bush
(RICINOCARPUS PINIFOLIUS)

D er Wedding Bush hat nur 16 Artver-
wandte, die alle in Australien beheimatet sind. Dieser Strauch wird bei
einem Durchmesser von bis zu 1,5 m bis zu
2 m hoch. Die Blätter sind schmal und werden bis zu 4 cm lang. Die Blüten sind etwas ungewöhnlich, denn es gibt männliche und weibliche Blüten, was allerdings nur bei genauem Hinsehen erkennbar ist. Diese
geschlechtlich verschiedenen, aber immer schneeweißen Blüten wachsen
am gleichen Ast. Sie haben einen Durchmesser von bis zu 2,5 cm und zeigen sich im Frühjahr mehrere Wochen lang.

ᙦ Unausgewogenheiten:
Angst, Verantwortung zu übernehmen und sich in Partnerschaften, Freundschaften oder im Beruf zu binden; unfähig, männliche und weibliche Seelenanteile zu integrieren und sich als vollkommen zu erfahren; Partnerschafts-
problematik als Spiegel eigener Blockaden.

ᙦ Positiver Selbstausdruck:
Vermag Bindungen einzugehen; findet ein Lebensziel; integriert männliche
und weibliche Energien; freut sich über seinen wiedergewonnenen Mut wie
auch über eigene Talente; zeigt Vertrauen und Hingabe an den Partner.

ᙦ Visualisierung:
Stellen Sie sich diese weißen Blüten vor, die Sie bereichern und ein
Geschenk für Ihre weitere Entwicklung sind.

⌁ *Affirmation* ⌁
Ich treffe Entscheidungen und übernehme Verantwortung.

Wild Rose
(ROSA CANINA)

Rosen sind wahrscheinlich die beliebtesten und meistgezüchteten Blüten der Welt. Wilde Rosen findet man zum Glück noch manchmal an Waldrändern und auf Ödland. Es ist verblüffend, daß sich diese nicht einheimische Pflanze in Australien unter den härtesten Umweltbedingungen behauptet und ihre Blütenpracht im Frühjahr und frühen Sommer zeigt. Die süßlich duftenden Blüten der Wildrose haben meistens 5 rosafarbene Blütenblätter. Rosen sind die Blüten der Liebe.

Unausgewogenheiten:
Gefühl, vom höheren Selbst oder der eigenen Intuition abgetrennt zu sein; mangelndes Interesse an Arbeit; unsicher; geringe Selbstachtung; negative Zukunftserwartungen; ohne Lebenssinn und ohne jegliche Hoffnung.

Positiver Selbstausdruck:
Freut sich wieder des Lebens; erfährt innere Freiheit und Leichtigkeit; schließt neue Freundschaften; gewinnt neues Interesse am Leben; ist optimistisch und widmet sich nützlichen Aufgaben; läßt sich durch sein höheres Selbst leiten.

Visualisierung:
Stellen Sie sich die sanften, rosafarbenen Blüten vor, die Ihr Herz mit Mitgefühl, Vertrauen und Liebe erfüllen, damit Sie von Ihrer Intuition geführt werden.

⟿ Affirmation ⟿
Ich lebe das Leben leidenschaftlich.

Worrai
(Ozothamnus diosmifolius)

Einen Europäer mag diese Pflanze an eine riesige Schafgarbe erinnern. Ähnlich wie diese wächst sie auf trockenen freien Flächen und Ödland. Sogar der Geruch des Worrai ist ähnlich, wenn auch wesentlich intensiver. Der Worraibusch wird bis zu 2 m hoch und erreicht einen Durchmesser von bis zu 2,5 m. Die Blätter werden bis zu 2 cm lang. Die weißen Blütendolden sind von weitem erkennbar. Worrai vertreibt unerwünschte Insekten und wird bei Zeremonien verbrannt.

Unausgewogenheiten:
Neigung zu Einsamkeit und geistiger Abwesenheit; Gefühl von Unsicherheit und Schwäche; Furcht vor dem Dunklen und Unbekannten; selbstauferlegte und zu enge Grenzen; risikoscheu und daher innerhalb der eigenen Sicherheitszone verharrend; Mangel an Selbstliebe und Selbstvertrauen.

Positiver Selbstausdruck:
Gewinnt Mut und Selbstvertrauen; entwickelt eine breitere Perspektive und geistige Klarheit; fühlt sich mit anderen zusammen sicher; gewinnt Kraft, um Ängste zu überwinden; genießt innere Ruhe; nimmt das Beste aus gegebenen Situationen für sich an; genießt die Gesellschaft anderer wieder.

Visualisierung:
Stellen Sie sich die vielen reinen, winzigen, weißen Blüten vor, die Sie von Angst und Einschränkungen befreien und Sie Ihre Spiritualität frei entfalten lassen.

Affirmation
Mein Horizont ist endlos.

Die Love-Remedy-Blends

O ft müssen erst mehrere negative Emotionen zusammenkommen, bis eine Krankheit ausgelöst wird. Die 15 folgenden Love-Remedy-Blends kombinieren die Essenzen von je fünf Blüten, die sich gegenseitig ergänzen. Juta Stepanovs hat diese Mischungen entwickelt als Unterstützung für die verschiedensten Lebenssituatiuonen.

 ## Anti-Streß
Passion, Pittosporum, Fig, Manna Gum, Pigface.

Fördert Lebenskraft und Enthusiasmus fürs Leben; stellt innere Ruhe und Frieden her, um mehr Zeit für sich selbst zu finden und auszuspannen sowie um die eigenen Gefühle und Wünsche zu erkennen; hilft bei Angst, nervöser Verspanntheit, Schlafstörungen und Trauer.

 ## Change (Veränderung)
Pittosporum, Lantana, She Oak Female, Silky Oak, Worrai.

Hilfreich in Streßsituationen auf Reisen, bei Umzügen, am neuen Arbeitsplatz, wenn Entscheidungen zu fällen sind; in der Pubertät oder Menopause; in der Midlife-crisis und anderen bedeutenden Veränderungen im Leben.

 ## Compassion (Mitgefühl)
Everlasting, Passion, Plumbago, Silky Oak, Stinging Tree.

Öffnet das Herz für uneingeschränkte Liebe, Mitgefühl und dem Verstehen anderer und von sich selbst; befähigt, präsent zu sein in Zeiten der Trauer, Depression, beim Zerbrechen von Beziehungen, bei nervösen Zusammenbrüchen, Krankheit und allen anderen schwierigen Situationen im Leben.

Confidence (Vertrauen)
Coral Tree, Fig, Lantana, Papaya, Worrai.

Fördert den Glauben an sich selbst, Selbstbewußtsein und positives Denken; hilfreich für die Kommunikation in Partnerschaften, in der Öffentlichkeit; schenkt Vertrauen in allen herausfordernden Situationen.

Feminine (Weiblichkeit)
She Oak Female, Pittosporum, Illawarra Flame Tree, Wild Rose, Waratah.

Schafft die Verbindung mit der eigenen weiblichen Energie und der Intuition; führt zu größerer innerer Stärke, um die Änderungen in Pubertät und in den Wechseljahren annehmen zu können; löst prämenstruelle Spannungen; mehr Mut, Gefühle zu zeigen; neues Interesse an sexueller Aktivität und Freude.

Focus (Fokus)
Coral Tree, Fig, Ribbon Gum, Silky Oak, Worrai.

Hilft das Wichtige vom Unwichtigen zu trennen, schafft Klarheit beim Lernen oder in anderen herausfordernden Situationen; stimuliert Erinnerung und persönliche Kraft, fördert Gelassenheit und klares Erkennen der Lebensaufgabe.

Happiness (Glück)
Cherry, Fan Flower, Grey Mangrove, Plumbago, Ribbon Gum.

Vergebung ist der Schlüssel zum Glücklichsein. Happiness löst emotionale Probleme der Gegenwart und der Vergangenheit, wie z.B. Ärger, Angst, Schuldgefühle, Eifersucht; verhilft zu innerer Stärke, Selbstliebe und

Selbstbestätigung und der damit verbundenen Freude; fördert Enthusiasmus fürs Leben.

 ### Inner Peace (Innerer Frieden)
Fan Flower, Guava, Papaya, Sensitive Plant, Stinging Tree.

Verhilft zu persönlicher Freiheit und Freude durch Vergebung und Lösen negativer emotionaler Blockaden aus der Vergangenheit; schafft Glauben und Vertrauen; verbessert die Verbindung mit dem höheren Selbst, stärkt inneren Frieden und Liebe für sich und andere.

 ### Masculine (Männlichkeit)
Coral Tree, Everlasting, Grey Mangrove, She Oak Male, Silky Oak.

Stärkt Courage und Sicherheit bezüglich der männlichen Aspekte, läßt Gefühle selbstsicher zeigen; hilft männliche Probleme zu lösen, steigert Interesse und Freude im sexuellen Bereich.

 ### Rescue (Erste Hilfe)
Grey Mangrove, Manna Gum, Mistletoe, Sensitive Plant, Tea Tree.

Diese Mischung ist ein „Muß" in jedem Haushalt. Sie schenkt Trost und Erleichterung in Streß- und Krisensituationen wie Unfall, Schock, emotionaler Verletzung, körperlicher Schwäche, Krankheit, Trauma, Panik und Angst.

 ### Self-love (Selbstliebe)
Everlasting, Grey Mangrove, Papaya, Passion, Silky Oak.

Dies ist die am häufigsten eingesetzte Love-Remedies-Blend. Sie wird gerne in Kombination mit anderen Mitteln verwendet.
Stimuliert die Selbstheilungskräfte, fördert das Selbstbewußtsein, erfüllt das Leben mit Vertrauen und Frieden, hilft, die innere Schönheit von anderen und sich selbst wiederzuentdecken und sich daran zu erfreuen.

Sexuality (Sexualität)
Banana, Coral Tree, Fig, Pittosporum, Grey Mangrove.

Heilt und entfernt emotionale Probleme aus der Vergangenheit sowie physische und sexuelle Blockaden; erweckt Feingefühl; schenkt Selbstvertrauen, um sexuelle Freuden genießen zu können.

Spirituality (Spiritualität)
Angelica, Fan Flower, Fig, Guava, Papaya.

Weckt die Spiritualität und animiert zu spirituellen Aktivitäten; öffnet in der Meditation den Zugang zum höheren Selbst; stärkt die Fähigkeit, wahre Gefühle auszudrücken und zu zeigen; Liebe und Mitgefühl gegenüber anderen, Glaube, Vertrauen und innerer Frieden werden wiedergewonnen; ermöglicht eine tiefere Verbindung mit der Natur und dem Schöpfer.

Success (Erfolg)
Coral Tree, Grey Mangrove, Lantana, Passion, Worrai.

Stellt den Fokus wieder her; gibt Klarheit und erweitert den eigenen Horizont; verbessert Kommunikation, Stetigkeit und Ausdauer, besonders zur Erreichung persönlicher Ziele; stärkt Selbstakzeptanz und die Bereitschaft zu empfangen.

Wisdom (Weisheit)
Angelica, Guava, Pigface, Tea Tree, Worrai.

Erweckt Kreativität; verbessert den Zugang zum höheren Selbst, um die eigene Weisheit wieder zu erfahren; erneuert den Glauben und das Vertrauen, um der eigenen Intuition zu folgen; fördert inneren Frieden und Selbstliebe, indem Geschehnisse aus der Vergangenheit losgelassen und verarbeitet werden.

Effektiv heilen mit Love Remedies

DIE ABORIGINES, DIE UREINWOHNER Australiens kennen seit unzähligen Generationen die heilenden Wirkungen zahlreicher wildwachsender Buschpflanzen. Medizinmänner und Kräuterfrauen geben dieses Wissen seit endlosen Zeiten an ihre Nachkommen weiter. Es handelt sich um einen reichen Schatz reiner Erfahrungsmedizin. Da die Aborigines keine anatomischen Kenntnisse über den Menschen hatten, gibt es auch keine speziellen Heilmittel für Organe, also z.B. Herz- oder Magenmittel. Vielmehr gibt es Heilpflanzen gegen äußerlich erkennbare Symptome und deren sehr wohl bekannte Ursachen. Medizinmänner und Kräuterfrauen beobachteten ihre Stammesangehörigen sehr genau, und sie wußten nur zu gut um deren charakterliche Stärken und Schwächen. So entwickelte sich eine Medizin, deren Grundlage die Beobachtung psycho-sozialer Zusammenhänge und deren Auswirkungen auf den Körper war. Erkennbare Zeichen von z.B. Schuld, Angst, Haß oder Eifersucht, um nur einige wenige zu nennen, wurden direkt mit dem Ausbruch einer Krankheit in Zusammenhang gesehen und mit Buschpflanzen behandelt. So wurden größtenteils typisch menschliche emotionale Grundhaltungen und deren Entgleisungen bzw. Anhaftungen therapiert.

Erst langsam wird bei uns erkannt, daß physische und psychische Gesundheit eng miteinander verknüpft sind. Emotionale Faktoren spielen bei der Entstehung wie bei der Heilung einer Krankheit eine ganz entscheidende Rolle. Deshalb bedarf es zu wahrer Heilung weit mehr als eine rein technische Behandlung. Auch die Schulmedizin erkennt zunehmend die Vielzahl von Beweisen dafür an, daß sich mittels integrativer und meditativer Verfahren Körperfunktionen beeinflussen lassen, die bisher als nicht der willkürlichen Kontrolle unterworfen galten. Diese Erkenntnis über die Bedeutung integrativer Techniken eröffnet neue Dimensionen für holistische Heilweisen. Sie deckt sich auch mit dem uralten Wissen, daß jeder Mensch seinen eigenen Arzt in sich trägt, der selbst in der Lage ist, diese verborgenen Heilkräfte zu wecken und so den Weg zur Heilung frei zu machen.

Bei diesen Prozessen spielen Heilmittel aus der Natur eine entscheidende Rolle. Sie können gestörte Regelkreisläufe stabilisieren, Selbstheilungskräfte aktivieren und Vitalstoffdefizite ausgleichen. Gleichzeitig kann man diesen rein biologischen Heilmitteln eine feinstoffliche „Naturkraft" zusprechen, deren energetische Schwingung von sich aus bestrebt ist, ein physisches wie psychisches Gleichgewicht herzustellen. Diese natürlichen Kräfte können ihre Wirkung jedoch nur dann in ausreichendem Maße entfalten, wenn man selbst entsprechende begleitende Schritte zur Heilung einleitet.

Je mehr ein Patient bereit ist, seine Lebensweise zu ändern, vernünftig bzw. natürlich zu leben und dabei von der Natur vorgegebene Regeln zu beachten, desto sicherer geschieht Heilung. Hier ist insbesondere auf naturbelassene frische Nährstoffe, ausreichend Schlaf, sportliche Betätigung und Zeit für Entspannung zu achten. Wem es aus sozialen, beruflichen oder familiären Gründen nicht möglich scheint dies umzusetzen, der sollte vorübergehend bewährte schulmedizinische Mittel einnehmen und zusätzlich Naturheilmittel verwenden.

Die Erforschung der Heilwirkungen von Buschpflanzen und deren Blüten aus einer ursprünglichen ganzheitlichen Sichtweise heraus eröffnet in der heutigen Zeit ein breites Spektrum hoch effektiver Therapiemöglichkeiten. Die Gewinnung von Love Remedies aus den wichtigsten dieser Heilpflanzen gibt uns im Westen die Chance, dieses Wissen zu unserer ganzheitlichen „Heilwerdung" zu nutzen.

Love Remedies und die Qi-Kraft

Wie unsichtbare Fäden beeinflussen verschiedenste Faktoren unser Leben. Da ist die Konstitution, da gibt es äußere, bioklimatische Bedingungen, ein psycho-soziales Umfeld, und neben vielen weiteren Faktoren gehören dazu auch noch die spirituellen Bedürfnisse eines Menschen und seine inneren Kräfte, die nach Weiterentwicklung und Entfaltung bereits vorhandener Potentiale streben. All diese Faktoren formen zu jedem Zeitpunkt unser Leben. Von Moment zu Moment wandelt sich das Bild, ist die Situation eine andere.

Und damit wandelt sich das Qi, wie die Chinesen die dynamische Lebensenergie nennen, die jedes Lebewesen durchdringt. Das Qi ist in einem sich ständig ändernden Gleichgewicht, da es permanent gefordert wird. Fließt die Qi-Kraft und ist sie stark und voll, dann drückt sich dies in Lebendigkeit, Begeisterungsfähigkeit, Leichtigkeit, innerer Stärke, Mut, Initiativkraft und anderen Merkmalen aus. Der Mensch hat eine klare und sehr präsente Ausstrahlung. Sein Abwehrschild, das sogenannte Wei Qi, ist intakt.

Die unterschiedlichen Herausforderungen des Lebens konfrontieren den Menschen mit Faktoren, die er aushalten und abwehren muß. Je nach Intensität können sie den Abwehrschild jedoch durchbrechen und zu inneren Blockaden führen. Wichtige äußere Faktoren sind Klima, Umweltgifte, karmische und kosmische Einflüsse. Zu den inneren Faktoren gehören neben der Konstitution vor allem Emotionen wie Trauer, Angst, Wut und Haß, Neid und Eifersucht. Sie alle sind in der Lage, das innere Gleichgewicht zu stören und emotionale Stauungen, sogenannte Blockaden im Qi-Fluß, auszulösen. Diese Blockaden zeigen sich mit der Zeit in körperlichen Symptomen, aus denen im späteren Verlauf Krankheiten werden.

Wenn es nun darum geht, die Blockaden zu lösen, so helfen dabei nicht nur Akupunktur, Meditation und chinesische Heilkräuter, sondern auch den australischen Buschblütenessenzen, den Love Remedies, wird diese Wirkungsweise zugeschrieben.

Darüber hinaus ist es jedoch notwendig, sich vertieft mit den Ursachen der Blockaden auseinanderzusetzen. Dies geschieht, indem man zunächst all die Faktoren anschaut, die für einen starken ausgeglichenen Qi-Fluß verantwortlich sind.

Da sind zunächst:

- ausreichend Sauerstoff in Form frischer Luft
- ausgewogene vitamin- und ballaststoffreiche Ernährung
- ausreichend Schlaf (altersentsprechend im Schnitt 7 Stunden)
- ein Gleichgewicht zwischen Arbeit und Freizeit bzw. Anspannung und Entspannung
- ausreichende Bewegung und sportliche Betätigung
- ein altersentsprechendes Maß an Sexualität

Dies sind wichtige bekannte Nährquellen des Qi. Findet einer dieser Faktoren zu wenig Beachtung, kommt es zu einer Störung im Qi-Fluß, und ein Krankheitspotential beginnt sich aufzubauen.

Daneben gibt es weitere tiefere Quellen des Qi: Da sind Familie und Freunde zu nennen. Sie bilden eine gesunde Basis und sind eine unerschöpfliche Energiequelle. Bestehen hier Unklarheiten und Zwistigkeiten, kehrt sich der Energiefluß um, und dem Körper wird permanent Energie entzogen.

Besteht Einverständnis mit der Vergangenheit und dem persönlichen Schicksal, so wird diese Akzeptanz zu einer sprudelnden Quelle der Qi-Kraft. Gelingt es ferner, den Ahnen, also Mutter und Vater sowie deren Eltern, mit Gefühlen des Respekts und der Achtung zu begegnen, so fließt aus dieser Reihe permanent Lebenskraft in unseren Körper. Das Gegenteil geschieht bei Ablehnung und negativen Anhaftungen.

Eine weitere Quelle des Qi ist das Ich-Gefühl. Wie fühle ich mich da, wo ich stehe? Liebe und akzeptiere ich mich, so wie ich bin? Kann ich hier eins sein mit mir, kann ich der sein, der ich bin? Bin ich dabei, mein Potential zu entfalten?

Wo liegen meine verborgenen Talente, was will ich eigentlich wirklich? Was oder wer hindert mich daran, der zu sein, der ich sein möchte, der ich sein könnte? Um so klarer der Weg, die Bestimmung, um so dynamischer und stärker das Qi.

Die Love Remedies als Repräsentanten der Liebe öffnen Qi-Blockaden und bringen das Qi wieder zum Fließen. Gleichzeitig stärken sie die intuitive Klarheit, damit sich das eigene Potential frei entfalten kann.

Eliminieren von Krankheitsursachen

Unsere übliche Ernährung, Umweltverschmutzung, Streß, Chemikalien, negative Gedanken, emotionales Ungleichgewicht und Mangel an Selbstliebe verursachen Krankheit. Starke Gefühle können den gleichen Effekt erzeugen wie starke Medikamente.

Negative Einflüsse aus unserer Ernährung und der Umwelt wirken auf unseren Körper und auf unsere Gefühle. Wir können emotionale Unausgeglichenheit effektiv mit Blütenessenzen behandeln. Doch wenn wir emotionale Probleme behandeln wollen, ist es ratsam, zunächst grundsätzliche Einflüsse wie die Ernährung zu korrigieren.

Ernährungsexperten warnen uns seit Jahrzehnten, daß unsere denaturierte Ernährung zu stark säurebildend ist. Diese Unausgewogenheit ist Ursache vieler Krankheiten in der modernen Welt: Depressionen, Diabetes, Bluthochdruck, Krebs usw.

Dies ist seit Tausenden von Jahren bekannt, und alkalische Nahrungsmittel wurden schon zu einer Zeit gegen Depressionen eingesetzt, als der Säure-Basen-Haushalt noch ein unbekannter Begriff war. So gab man im alten Ägypten bei Depressionen Feigen, in Indien den Wegerichsamen.

Es gibt zwei Gruppen von saurer und basischer Nahrung. Das eine ist die saure oder basische Nahrung; das andere ist die säure- oder basen-bildende Nahrung.

Diese zweite Gruppe sorgt oft für Verwirrung. Sie wirkt manchmal im Körper völlig entgegen ihrer ursprünglichen Säure-Basen-Eigenschaften. Zum Beispiel ist die Limone, eine Zitrusfrucht, extrem sauer mit einem pH-Wert von 1,9. Trotzdem wirkt diese Frucht im Körper basen-erhöhend und somit gesundheitsfördernd. Wer den pH-Wert seines Körpers beeinflussen möchte, muß weniger über den pH-Wert der einzelnen Nahrungsmittel wissen als vielmehr über ihre Auswirkung auf den Körper.

Je mehr Phosphor in Nahrung enthalten ist, desto mehr Säure bildet sie in unserem Körper. Essen, das viel Kalzium enthält, ist eher basen-bildend. Etwa 95% aller Heilkräuter sind basen-bildend. Es ist also kein Wunder, daß sie wegen ihrer gesundheitsfördernden Eigenschaften geschätzt werden.

Unsere Einkaufsliste gibt uns klare Hinweise auf unsere modernen Gesundheitsprobleme. Die Wahl der Nahrungsmittel macht viele von uns krank oder depressiv. Für wahre Heilung ist es daher auch notwendig, auf gesunde Ernährung zu achten.

Fallbeispiele aus der Arztpraxis

Fall 1 · Angstzustände

Anamnese: Eine 45-jährige Frau stellt sich mit akuten Angstzuständen vor. Diese bestünden schon, solange sie denken könne, hätten sich aber in den letzten 3 Jahren zunehmend verstärkt. Sie traue sich nicht mehr, längere Strecken mit dem Auto zu fahren, Autobahnen kämen überhaupt nicht in Frage. In Supermärkte würde sie nur noch mit ihrem Mann gehen, da sie alleine klaustrophobische Anfälle bekäme. Überhaupt habe sie Mißtrauen gegenüber Menschen, und es falle ihr schwer, selbst ihrem Mann zu vertrauen. Immer wenn Probleme auftauchten, ziehe sie sich wie eine Schnecke in ihr Schneckenhaus zurück. Kaum noch etwas würde ihr Freude bereiten.

Psychopharmaka habe sie zunächst nach Anweisung ihres Arztes genommen, jetzt aber habe sie diese wegen der Nebenwirkungen und der ständigen Müdigkeit und Antriebslosigkeit abgesetzt.

Psychischer Befund: Sehr schüchtern wirkende Frau, leicht gebeugter Gang, Blässe im Gesicht, dunkle Ränder unter den Augen. Unsichere Bewegungen, deutliche Nervosität.

Therapie: Nach einem längeren Gespräch über vergangene Aspekte ihres Lebens und über die aktuelle Lebenssituation wurde klar, daß ihre Ängste und ihr Mangel an Selbstvertrauen u.a. auf eine Reihe ungelöster Konflikte und Verletzungen aus der Kindheit zurückzuführen waren. Diese hatten zu massiven emotionalen Blockaden geführt. Dies bestätigte auch die von mir durchgeführte chinesische Pulsdiagnose.

Begleitend zu chinesischen Heilkräutern, einer speziellen psychosomatischen Akupunkturbehandlung und einer Anleitung zu einer speziellen Meditationstechnik bekam die Patientin Love Remedies. Intuitiv zog sie Sensitive Plant und Dog Rose. Beide bestätigten ihre Resonanz zum Thema Vertrauen. Das Vertrauen der Patientin in sich selbst, in die Zukunft und eine positive Entwicklung ihres Lebens war grundlegend erschüttert. Emotionale Blockaden in Form von Angst, Unsicherheit und Nervosität waren die Folge.

Verlauf: Die Patientin kam regelmäßig zur Akupunktur und zu Gesprächen. Sie berichtete über ein sehr gutes Gefühl bei der täglich dreimaligen Einnahme der Blütenessenzen. Nach 14 Tagen zeigten sich erste Erfolge, nach 6 Wochen berichtete die Patientin folgendes:

Sie könne sich wieder an kleinen Dingen des täglichen Lebens erfreuen. Zu dem Gefühl von neu aufkeimender Freude geselle sich immer stärker ein Gefühl von Selbstbewußtsein und Vertrauen in die eigenen Gefühle. Diese deuteten ihr an, auf dem richtigen Weg zu sein. Daraus schöpfe sie Mut, der sie auch wieder hinaus ins Leben geleitete. Sie hätte keine Angst mehr, Auto zu fahren oder alleine einzukaufen. Auch gelänge es ihr, die Vergangenheit zu akzeptieren und als wichtigen Teil ihres persönlichen Schicksals zu achten.

Bewertung: Die Pflanze Sensitive Plant zeichnet sich durch die Fähigkeit aus, sich bei Berührung sofort winzig klein in sich selbst zusammenzufalten. Sie spiegelt damit das vorherrschende Gefühl des Menschen wider, der eine Resonanz zu dieser Pflanze verspürt. Die Einnahme der Blütenessenz dieser Heilpflanze führte zum Lösen von Blockaden, die den Weg zu Selbstvertrauen und Selbstsicherheit, innerem Frieden und Liebe verschlossen hatten.

Fall 2 · Mangelnder Lebenssinn

Anamnese: Eine 38-jährige Frau kam zu mir und ließ mich wissen, daß sie „ihr Lachen" verloren habe. Eigentlich gäbe es dafür keinen Grund, so betonte sie, denn sie habe alles, was sie sich wünsche: einen Mann, einen Beruf, ein Haus, genügend Geld und so weiter. Dennoch sei sie traurig und depressiv.

Psychischer Befund: Scheinbar selbstbewußte attraktive Frau mit sicherem Auftreten, ohne auf den ersten Blick erkennbare Auffälligkeiten. Im Gespräch wurde nach und nach deutlich, daß sie sehr unter geringem Selbstwertgefühl litt und eine Neigung hatte, sich schnell ein schlechtes Gewissen einreden zu lassen. Überhaupt fühle sie sich schuldig für viele Dinge aus der Vergangenheit, die sie nicht loslassen könne. Auch sei sie eifersüchtig und besitzergreifend. Besonders aber litt sie darunter, daß ihr nichts mehr Freude machte und sie gar keinen Lebenssinn, keine Begeisterung und Lebendigkeit mehr verspürte.

Therapie: Neben Akupunktur, Meditation und einigen begleitenden Gesprächen bekam die Patientin Love Remedies. Sie zog Wild Rose und Macadamia.

Verlauf: Die Wirkung der beiden Blütenessenzen wurde in den nächsten 6 Wochen in erstaunlicher Weise wie folgt sichtbar: Die Patientin berichtete über eine zunehmende Leichtigkeit und intuitive Klarheit, die ihr plötzlich eine bunte Vielfalt von Perspektiven eröffneten. So war sie voller schöpferischer Energie, voller Ideen und verfolgte mit Begeisterung einige erste Projekte. Ihre Intuition, ihr Kontakt mit ihrem höheren Selbst hatte sie neu vitalisiert, und sie fing an, ihr Potential zu entfalten und das zu tun, was sie schon immer tun wollte. Sie hatte eine klare Richtung gefunden und wußte genau, was ihr gut tat, Freude bereitete und wirklich ihr selbst entsprach. Sie hatte aufgehört, eine Rolle zu spielen und sich nur daran zu orientieren, was andere von ihr erwarteten.

Bewertung: Mit den beiden Love Remedies hatte sie ihr Thema genau getroffen. Sie hatte den Kontakt zu sich selbst, zu ihrem Potential und das Vertrauen in ihre unbegrenzten Möglichkeiten verloren. Sie hatte ihren Lebenssinn vergessen, und der Kontakt zu ihrem höheren Selbst war unterbrochen. Durch die Einnahme der Love Remedies wurde der Kontakt zu ihrem höheren Selbst wiederhergestellt.

Fall 3 · Burn-out-Syndrom

Anamnese: Ein 52-jähriger Mann kam mit Fieber und starkem Husten in die Praxis und berichtete, daß er seit 2 Jahren ständig krank sei. Vor 2 Jahren sei er geschieden worden, seine Tätigkeit als Unternehmensberater laufe außerordentlich schlecht. Zudem habe er häufig Magenschmerzen und eine chronische Muskelverspannung im Hals-Nackenbereich. Vor einigen Wochen sei es gar zu Herzschmerzen gekommen.

Psychischer Befund: Blasser, sichtlich erschöpfter Patient, körperlich und psychisch ausgebrannt, belastet durch die Vergangenheit, Schuldgefühle bezogen auf seine Ex-Frau, pessimistische Grundstimmung.

Therapie: Nach ausführlicher schulmedizinischer Diagnostik kam es zunächst zu einer umfassenden Beratung über gesunde Lebensführung (Ernährung, Entspannung, Sport, Lebenskonzept etc.). Alsdann wurde ein Therapieplan aufgestellt. Neben einer Entgiftung, Darmsanierung und Immunstärkungskur wurden zielgerichtete pflanzliche und homöopathische Präparate eingesetzt. Weiterhin wurde über die Notwendigkeit einer begleitenden Therapie mit Love Remedies gesprochen. Diese sollte emotionale Blockaden lösen und Lebensmut und Lebenskraft stärken.

Der Patient war froh, daß sein Grundproblem ernst genommen wurde und zog freudig gleich zwei Blüten: Macadamia und Olive.

Wegen der homöopathischen Spritzenkur mußte sich der Patient in zweitägigen Abständen vorstellen. Neben gesprächstherapeutischen Sitzungen erhielt er zusätzlich eine Unterweisung in einer effektiven Meditations- und Atemtechnik und wurde angewiesen, täglich 20 Minuten zu meditieren.

Verlauf: Zunächst kam es innerhalb der ersten 10 Tage zu einer deutlichen Verbesserung des körperlichen Befindens. Nach 14 Tagen berichtete er über ein zunehmendes Gefühl von Lebendigkeit und Klarheit. Auch die Situation mit seiner Ex-Frau könne er nun mit deutlicherem Abstand sehen.

Nach 4 Wochen erschien ein fröhlicher, ausgesprochen vital wirkender Patient, der nun vorhatte, sich zunächst weiter viel Zeit für sich selbst zu nehmen und einige meiner Seminare zur spirituellen Weiterentwicklung zu besuchen. Dabei wolle er für sich herausfinden, wo seine eigentlichen Potentiale liegen und ob dies nun nicht der Zeitpunkt für einen ganz neuen Anfang in seinem Leben sei. Auch für eine ganz neue Tätigkeit sei er offen.

Bewertung: Der Patient hatte mit beiden Love Remedies genau ins Schwarze getroffen. Dies hatte ihn total verblüfft, bestätigte es ihm doch, daß seine intuitive Kraft, zu der er nie richtig Vertrauen finden konnte, doch stärker sei als bisher angenommen. Beide Blüten waren wichtige Wegbereiter, die es ihm einfacher machten, wieder zu sich selbst und seinen Potentialen zu stehen.

Die Anwendung der Love Remedies bei Kindern

Von allen Naturheilmitteln und erfahrungsmedizinischen Therapieansätzen gehören Love Remedies zu den potentesten Heilmitteln, wenn es darum geht, ein Kind in schweren Lebensphasen ganzheitlich zu unterstützen.

Die Heilkraft australischer Wildblüten ist bei den Aborigines in Australien schon seit vielen Generationen bekannt. Australische Heilpflanzen unterscheiden sich in besonderer Weise durch ihre hohe Potenz und Widerstandskraft von Pflanzen anderer Erdteile.

Der Konkurrenzkampf ist groß. Jede einzelne Pflanze muß sich ihren Platz in der Natur selbst erkämpfen. Schließlich schlägt sie Wurzeln dort, wo sie sich durchsetzen konnte. Sie hat ihren Platz gefunden. An diesem Platz beginnt sie nun ihr ganzes Potential in kaum zu ermessender Schönheit und Perfektion zu entfalten.

Nimmt man sich einmal die Zeit, die Blüten zu bestaunen, so weckt das längere Betrachten der Blüten unweigerlich Gefühle von Achtung, Demut und Liebe. Die Einnahme der Essenzen verstärkt diese Gefühle und verhilft dadurch dazu, ebenfalls den eigenen „Platz" zu finden, um dort das eigene Potential zur vollen Entfaltung zu bringen.

Angesichts der Umweltverschmutzung, einer immer hektischeren Lebensweise und immer stärker zunehmendem gesellschaftlichem Druck wird es immer schwieriger, harmonische familiäre Strukturen aufrechtzuerhalten.

Kinder sind daher in körperlicher und geistiger Hinsicht auf eine starke Konstitution und ein gut funktionierendes Abwehrsystem angewiesen, um mit den Widrigkeiten der heutigen Zeit besser zurechtzukommen. In den ersten Entwicklungsphasen werden die Weichen gestellt für die Körperkraft, die Stärke der Persönlichkeit und die Fähigkeit, Vertrauen in das eigene schöpferische Potential zu entwickeln.

Da die Eltern ihre Kinder nicht vor dem Streß in den Schulen bewahren können, bleibt einzig die Möglichkeit, sie mittels Ernährung, liebevollem Verständnis und fürsorglicher Anleitung emotional so stark zu machen, daß sie den Anforderungen gewachsen sind.

Die Problematik der heutigen Zeit wird auch sichtbar, schaut man sie sich aus Sicht der chinesischen Medizin an. Diese macht deutlich, daß die Mehrzahl aller Menschen in hochindustrialisierten Ländern unter einer sogenannten Leber-Qi-Stagnation leidet. Diese rührt daher, daß Menschen sich selbst ihren Lebensraum einengen, weil sie ihre Lebensimpulse aus Gründen individueller oder gesellschaftlicher Konditionierungen oder Moralvorstellungen unterdrücken müssen. Andererseits lassen sie sich von außen einengen, ohne sich dagegen zu wehren. Der so emotional gestaute Mensch gerät zunehmend unter Druck, was sich nicht nur in Form körperlicher Symptome zeigt, sondern unweigerlich auf die Familie und somit auch auf die Kinder übertragen wird.

Love Remedies lösen ebenso wie chinesische Heilkräutermischungen Qi-Blockaden auf und setzen somit Energie erneut frei: Die Gefühle kommen wieder in Fluß. Gefühle sind weder gut noch schlecht, sie sind Qi. Solange Gefühle frei fließen, haben sie eine schützende und krankheitsvorbeugende Funktion.

Die Verwendung intuitiv ausgewählter Love Remedies ist die sanfteste und liebevollste Maßnahme, wenn es darum geht, dem Kind zu innerer Ruhe und Stärke zu verhelfen.

Ein kindlicher Organismus wird noch von instinktiven und starken intuitiven Kräften geleitet. Diese Kräfte wollen die Persönlichkeit, das Potential des Kindes zur Entfaltung bringen. Dem gegenüber stehen Strukturen und Normen der Eltern, der Erziehung und der Gesellschaft. Schnell verunsichern und vergiften „unverständliche" Ereignisse die reine kindliche Seele, und erste seelische Verspannungen brennen sich ins Unterbewußtsein ein. Ängste und Unsicherheiten nehmen zunehmenden Raum ein. Übertragungen der ungelösten Konflikte der einzelnen Elternteile werden ebenfalls aufgenommen und führen dazu, daß das Kind immer schwerer zu dem wird, was es sein könnte: Die freie Entfaltung des Potentials und der verborgenen Talente wird zunehmend eingeschränkt.

Dennoch wirken die „wohlwollenden" intuitiven Kräfte weiter zum Vorteil des Kindes. Auch wenn diese nur noch bedingt wahrgenommen werden, so machen sie doch immer wieder auf sich aufmerksam. Die Kraft der Intuition, der emotionalen Intelligenz, läßt sich bei der Auswahl der Love Remedies bei Kindern in besonders effektiver Weise nutzen.

Durch die im Vergleich zum Erwachsenen deutlich stärkere „intuitive Klarheit" der Kinder sowie ihre Fähigkeit, noch ganz im Augenblick präsent zu sein, sind sie in besonderer Weise in der Lage, aus 45 in Frage kommenden Blütenessenzen „ihre Blüte" auszuwählen. Die Erfahrung der letzten Jahre zeigt eindeutig, daß Kinder eine „intuitive Resonanz" zu ihrem Thema und damit zum Heilpotential ihrer Blüte haben. Die so ausgewählten und dann eingenommenen Love Remedies entfalten dann ihre „Liebe", indem sie feine Kanäle öffnen, die zuvor durch „seelische Verspannungen" verstopft waren.

Liebe ist und bleibt die größte Kraft im Universum. Sie vermag alles zu wandeln. Daher brauchen Liebe und Mitgefühl ihren Platz in der Medizin und im Heilungsprozeß. Sie ist mehr als jedes Medikament in der Lage, einen tiefgreifenden Heilungsprozeß in Gang zu setzen, der alle Ebenen des Menschseins anspricht und berücksichtigt. Somit kann individuelle Energie (= Liebe) freigesetzt und wieder ins Fließen gebracht werden. Das Kind kann sich so entwickeln, wie es seinen Anlagen, Fähigkeiten und Talenten entspricht.

Selbstverständlich ersetzen die Blüten nicht eine therapeutische Begleitung. Auch verhindern sie nicht, daß von außen wieder neue Traumata gesetzt werden.

Fallbeispiele bei Kindern

Fall 1 · Selbstablehnung

Anamnese: Ein 12-jähriges Mädchen litt seit einem Jahr an zwei großen Warzen am Fuß sowie an einigen kleinen Dornwarzen an Armen und Händen.

Vor mehreren Jahren hatte sie sich bei einem Unfall zu Hause eine starke Verbrennung dritten Grades am rechten Unterarm zugezogen. In einer Spezialklinik hatten Hauttransplantationen durchgeführt werden müssen. Mehre große Narben waren am Unterarm zu sehen. Wie die Eltern berichteten, litt sie sehr unter den Narben.

Psychischer Befund: Das Mädchen wirkte verschüchtert, verunsichert und ängstlich, sprach sehr leise, war übervorsichtig in ihren Bewegungen.

Therapie: Da Warzen aus psychologischer Sicht mit emotionalen Blockaden wie Selbstablehnung und Mangel an Selbstvertrauen korrelieren, erhielt die Patientin neben Thuja-Tinktur zusätzlich Love Remedies. Bei der intuitiven Wahl einer Buschblütenessenz zog das Mädchen Worrai. Sie hatte damit eine Pflanze ausgewählt, die genau ihrer momentanen Lebensthematik entsprach.

Verlauf: Bei der Vorstellung nach 14 Tagen berichtete die Mutter von einer erstaunlichen Gesprächigkeit ihrer sonst wortkargen Tochter. Sie erzähle viel von Ereignissen aus der Schule, Ihre Stimme sei fester und bestimmter, ihr Auftreten wirke insgesamt klarer und selbstbewußter.

Bei der zweiten Vorstellung nach weiteren 14 Tagen kam das Mädchen alleine ohne Mutter nach der Schule in der Praxis vorbei. Sie berichtete ausführlich und mit selbstsicherer Stimme, daß die beiden Warzen am Fuß weg seien und sie in Kürze mit einigen Freundinnen einen Selbstverteidigungskurs mitmachen wolle. Überhaupt habe sie viele Ideen darüber, was sie in Zukunft alles unternehmen wolle.

Bewertung: Durch die Einnahme von Worrai (3 x täglich 3 Tropfen) hatten sich Blockaden gelöst, die das Mädchen daran hinderten, die zu sein, die sie hätte sein können. So konnten sich bislang ungenutzte Potentiale entfalten, was sich sofort in gestärktem Selbstvertrauen äußerte. Unbewußten Gefühlen der Selbstablehnung und des Selbsthasses wurde damit die Grundlage entzogen.

Fall 2 · Verfrühte Pubertät

Anamnese: Eine Mutter kam mit ihrer 9-jährigen Tochter wegen einer Warze am linken Handgelenk. Diese bestand schon seit 3 Jahren. Therapieversuche mit schulmedizinischen und vielen homöopathischen Mitteln hatten keinerlei Wirkung gezeigt.

Psychischer Befund: Das Mädchen schien weitestgehend unauffällig, machte jedoch für ihr junges Alter einen sehr erwachsenen Eindruck und gab sich erstaunlich weiblich. Die Mutter berichtete lediglich, ihre Tochter werde von Jahr zu Jahr unruhiger, nervöser und sei überhaupt sehr konfus, so daß auch ihre schulischen Leistungen in letzter Zeit zu wünschen übrig ließen.

Therapie: Ohne vorerst eine konkrete Vorstellung über die Therapie zu haben, entschloß ich mich, sie zunächst intuitiv eine Blüte auswählen zu lassen. Sie zog Pittosporum, hatte dann das Bedürfnis, noch eine zweite Blüte zu ziehen: She Oak Female.

Damit war das Thema klar, das dieses Mädchen beschäftigte. Das Mädchen war bereits in der präpubertären Phase und kam mit den ersten hormonellen Schwankungen überhaupt nicht zurecht. Alles, was mit ihrem Körper unvorbereiteter Weise passierte, verunsicherte es. Es stemmte sich innerlich gegen diese Veränderungen, da es Angst davor hatte. Gleichzeitig versuchte es die Angst durch eine übertriebene Weiblichkeit zu überspielen.

Die Mutter war sprachlos und stimmte zu, daß die Beschreibung genau auf ihre Tochter paßte. Der Ort der Warze, die linke Hand (links steht für Weiblichkeit, die Fähigkeit des Zulassens), entsprach ebenfalls der Problematik rund um die Akzeptanz der Weiblichkeit. Die Warze selbst war Ausdruck der Selbstablehnung und des Widerstands gegen Veränderung.

Verlauf: Als die beiden nach etwa 2 Wochen wieder erschienen, konnte die Mutter ihre Euphorie kaum bändigen. Die Warze sei wie durch ein Wunder weg, die Tochter plötzlich ausgeglichen und lieb. Es gäbe keine Machtkämpfe mehr um Schulaufgaben oder Fernsehschauen. Mit Selbstvertrauen, innerer Stärke und Gelassenheit würde sie plötzlich in schulischen Workshops und im Turnverein aktiv werden, und sie würde sich unaufgefordert wieder für die Schule vorbereiten.

Bewertung: Die Einnahme von Pittosporum und She Oak Female (zusammengemischt 3 Tropfen 3 mal täglich) öffnete emotionale Kanäle, die Akzeptanz und Selbstachtung freisetzten. Dadurch konnte sie wieder mehr sie selbst sein. Die Warze war lediglich sichtbarer Ausdruck des inneren Gefühlsstaus.

Fall 3 · Neurodermitis

Anamnese: Eine Mutter erschien mit ihrer 7-jährigen Tochter, die seit mehr als 2 Jahren unter leichter, aber zunehmender Neurodermitis litt. Sie hatte diese bislang nur mit pflanzlichen Salben behandelt, schulmedizinische Salben mit Kortison würde sie wegen der langfristigen Nebenwirkungen ablehnen. Sie wolle nun eine ganzheitliche Therapie, die auch die Psyche mit einschließt. Beide Ellbogen und Partien am Hals waren mit einem für Neurodermitis typischen trockenen und schuppenden Hautekzem befallen.

Psychischer Befund: Das Mädchen wirkte energiegeladen, saß unruhig und gelangweilt auf ihrem Stuhl. Die Mutter wirkte eher hektisch, redete sehr laut und machte einen unausgeglichenen Eindruck. Sie beschrieb ihre Tochter als sehr aktiv, jedoch hätte sie große Schwierigkeiten, sich zu konzentrieren und Dinge zu Ende zu führen. Zu leicht ließe sie sich ablenken. Sie bräuchte ständig Aufmerksamkeit und Anerkennung. Daher würde sie ständig viele Dinge gleichzeitig tun, wobei sie sich aber oft verzettelte. Darauf würde sie wütend und kratze noch mehr an den Hautstellen, die dann besonders juckten.

Therapie: Begleitend zu naturheilkundlichen und homöopathischen Mitteln (Rhus tox, Symbioflor, Borretschsamenöl, Harnstoff- und Algensalben etc.) bekam die Patientin Love Remedies. Intuitiv zog sie Fan Flower.

Verlauf: Nach 14 Tagen hatten sich die entzündeten Hautstellen bereits etwas beruhigt. Die Mutter stellte fest, daß ihre Tochter etwas offener im Umgang mit anderen sei, deutlicher „an die Front" ginge und sich zuletzt auch deutlich weniger gekratzt habe.

Nach weiteren 14 Tagen berichtete die Tochter von sich aus, daß sie sich deutlich besser fühle und ihr die Schule Spaß mache. Es fiele ihr auch leichter, ihre Schulaufgaben zu machen. Außerdem habe sie keine

Angst mehr vor dem Hund des Nachbarn, den sie inzwischen zum großen Erstaunen der Mutter bereits einmal ausgeführt habe. Die Mutter berichtete, ihre Tochter sei bedeutend ausgeglichener und erscheine auch selbstbewußter.

Bewertung: Die Einnahme von 3 x 3 Tropfen Fan Flower täglich hat dem Mädchen geholfen, sich wieder auf ihre Kräfte zu besinnen. Durch Vertrauen in ihre eigenen Fähigkeiten und ohne Angst zu versagen, fiel es ihr plötzlich leicht, Verantwortung für sich zu übernehmen und Dinge aus einem anderen Blickwinkel zu betrachten und anzugehen.

Fall 4 · Hyperaktivität

Anamnese: Ein 8-jähriger hyperaktiver Junge kam in Begleitung seiner Eltern. Sie beschrieben ihr Kind als nervös und unruhig, völlig unkonzentriert, zappelig, unfähig, sich längere Zeit mit etwas zu beschäftigen; ständig müsse er dazwischenreden und Aufmerksamkeit auf sich lenken.

Psychischer Befund: Ein schlanker Junge mit Brille, der sich sofort auf einen Stuhl setzte, so daß seine Mutter stehen mußte, dann aber aufsprang, um gleich wieder Gegenstände vom Arzttisch runterzunehmen. Während des Gesprächs ließ er sich trotz permanenter Zurechtweisung von den Eltern nicht davon abhalten, ständig dazwischenzureden.

Therapie: Klarer Fall für Love Remedies. Der Junge zog Jacaranda und gleich darauf, ohne zu fragen, noch Coral Tree. Also wurden beide gemischt, und der Junge wurde angehalten, 3 mal täglich 3 Tropfen davon einzunehmen.

Verlauf: Nach 3 Wochen kam die Familie wieder und berichtete über eine erstaunliche Veränderung ihres Jungen. Während er zuvor ständig unter Strom zu stehen schien, so wirkte er jetzt deutlich ausgeglichener und systematischer in seinen Handlungen. Es schien ihnen, als würde er zum ersten Mal zielgerichtet denken und auch seinen Handlungen eine gewisse Struktur geben.

Der Junge saß während des ganzen Gesprächs ruhig auf seinem Stuhl, machte jedoch keine Angaben über sein Befinden. Nach 14 Tagen kam die Familie erneut und berichtete über ein Gespräch mit dem Klassenlehrer, der ihrem Sohn plötzlich mehr Aufmerksamkeit und Konzentration im Unterricht und zunehmende Integrationsfähigkeit und Teamwork bescheinigte.

Bewertung: Hier konnten zwei für das Krankheitsbild typische Love Remedies dazu beitragen, daß sich Blockaden auflösten. Diese hatten den Jungen zu Kompensationshandlungen getrieben, die wiederum sein kreatives Potential und seine Entfaltung blockiert hatten.

Erfahrungen mit Tieren

DIE LOVE REMEDIES können auch unseren Tieren Heilung bringen. Zur Behandlung werden dreimal täglich einige Tropfen ins Trinkwasser gegeben. Sie können die Tropfen aber auch direkt in den Mund träufeln oder auf die Nase oder zum Ablecken auf die Pfoten geben (je nach Art des behandelten Tieres).

In Notfällen kann die Essenz öfter gegeben werden. Für optimale Resultate sollte aufgrund der synergetischen Wirkung fertige Love-Remedy-Blends oder eine individuelle Kombination verschiedener Love-Remedy-Essenzen verwendet werden.

Folgende Dosierungen haben sich je nach Körpergewicht des Tieres bewährt:

Unter 10 kg	1 Tropfen
10 – 20 kg	2 Tropfen
20 – 50 kg	3 Tropfen
50 – 100 kg	4 Tropfen
100 – 200 kg	6 Tropfen
200 – 300 kg	7 Tropfen
über 300 kg	10 Tropfen

Die Love-Remedy-Blends eignen sich hervorragend zur Behandlung der typischen bei Tieren auftretenden Problemen:

Anti-Streß

Dies ist eine wichtige Mischung, um nervös veranlagte Tiere – insbesondere Katzen – zu beruhigen. Erfolgreich auch bei emotionaler Erschütterung. In Kombination mit der Rescue-Mischung bei kläffenden Hunden anzuwenden.

Change (Veränderung)
Hilfreich, wenn ein Tier verstört oder überreizt ist, besonders auf Reisen.

Compassion (Mitgefühl)
Eine Mischung für Tiere, welche die Gefühle ihrer menschlichen Familienmitglieder widerspiegeln oder annehmen. Sowohl Mensch als auch Tier sollten diese Essenz gleichzeitig einnehmen.

Confidence (Vertrauen)
Ergänzt andere Behandlungen bei Traumata oder Krankheit. Diese Mischung gibt innere Stärke in schwierigen Zeiten. Hilft scheuen Tieren.

Feminine (Weiblichkeit)
Hilft Tiermüttern bei der Geburt und ihren Jungen beim Lösen ihrer Bindungen, wenn sie von der Mutter getrennt werden.

Focus (Fokus)
Wird benutzt, um emotional ungesunde Bindungen der Tiere an die Bezugsperson zu lösen.

Happiness (Glück)
Für wilde Tiere in Gefangenschaft, die ruhelos oder gestreßt sind. Auch für ängstliche Tiere.

Inner Peace (Innerer Frieden)
Für eifersüchtige Tiere, insbesondere wenn die menschliche Bezugsperson einem anderen Tier Aufmerksamkeit schenkt. Diese Mischung erleichtert Depressionen, die durch Umzug, Krankheit oder Alter hervorgerufen wurden, und schenkt der Tierpsyche Licht und Leichtigkeit.

Masculine (Männlichkeit)
Für aggressive und feindselige Tiere.

Rescue (Erste Hilfe)
Diese Mischung ist ein „Muß" in jedem Haushalt mit Tieren. Sie schenkt Trost und Erleichterung in Streß- und Krisensituationen wie Unfall, Schock, emotionaler Verletzung, körperlicher Schwäche, Krankheit, Trauma, Panik und Angst.

Self-love (Selbstliebe)
Stimuliert die Selbstheilungskräfte des Tieres. Dies ist die bei Tieren am häufigsten eingesetzte Love-Remedies-Blend. Sie wird meistens in Verbindung mit anderen Mitteln verwendet.

Success (Erfolg)
Stimuliert das Erinnerungsvermögen des Tieres beim Lernen und Training. Eine großartige Hilfe auf dem Weg zur Stubenreinheit.

Wisdom (Weisheit)
Diese Mischung findet ihren Einsatz bei Tieren, die schwächere und jüngere Tiere terrorisieren. Sie hilft bei psychosomatischen Erkrankungen und beim Abstillen junger Tiere wie Kätzchen oder Hundewelpen.

Eine Love-Remedy-Therapeutin in Singapur gab ihrem Kater namens Chips die Essenzen Slender Rice und Dagger Hakea. Ein Jahr zuvor war eine andere Katze, Mixie, in die Familie aufgenommen worden. Chips war selbst nach diesem Jahr noch eifersüchtig auf den Familienzuwachs. Er fauchte und attackierte Familienmitglieder, wenn sie Mixie auch nur die kleinste Aufmerksamkeit schenkten. Aber auch wenn er selbst Aufmerksamkeit erhielt, fauchte Chips und war agressiv.

Durch Kinesiologie stellte die Therapeutin fest, daß für ihren Kater Slender Rice (Eifersucht, Mißtrauen und Intoleranz) die vorrangige Blütenessenz war. Nach mehrwöchiger Einnahme von Slender Rice hörte Chips auf, immer dann zu erscheinen und die Familie zu beobachten, wenn Mixies Name erwähnt wurde. Einige Wochen später erhielt Chips einige Tage lang viermal täglich Dagger Hakea für Zorn und übertriebenes Zurückweisen seiner Lieben.

Seither ist Chips weitgehend ruhig und gönnt sich selbst etwas von dem Genuß menschlicher Zuwendung. Obwohl er nicht erfreut ist, wenn Mixie gestreichelt wird, hat er doch aufgehört, seine Familie aus Eifersucht zu attackieren.

Energetisches Reinigen

HATTEN SIE JEMALS von einer Minute zur anderen ein „eigenartiges Gefühl", wenn Sie an jemand vorbeigingen, den Sie nicht einmal kennen? Oder in einem Hotelzimmer oder einer Wohnung, in der Sie nie zuvor waren?

Manchmal haben wir angenehme oder aber seltsame Gefühle an einem Ort. Jeder Ort besteht aus lebenden Geschöpfen und Dingen, deren Geist bzw. Schwingung von unseren Sinnen wahrgenommen wird. Orte mit angenehmer Atmosphäre fühlen sich harmonisch an wie angenehme Musik; negative Schwingungen empfinden wir als ungemütlich, traurig, irritierend, chaotisch oder gar zerstörerisch. Jedes Gebäude, Möbel- oder Kleidungsstück, jeder Gegenstand hat eine Schwingung und trägt zudem die Energie anderer Wesen, mit denen sie in Berührung kamen.

Das Wort „Geist" hat viele Bedeutungen: Ein Gefühl, eine Einstellung, eine Stimmung oder Atmosphäre. Der Geist eines Ortes oder eines Menschen kann sich blitzschnell verändern. Zum Beispiel ist da der Geist einer schönen, friedlichen Landschaft, die von Touristen gerne besucht wird. Wird dieser schöne Ort jedoch Schauplatz eines Krieges, wo jeder in Haß und Angst lebt und diesen Ort verlassen möchte, hat sich der Geist offensichtlich verändert.

Die positiven Schwingungen einer Person ziehen uns an. Ebenso spüren wir, daß wir uns von einer „negativen" Person oder Umgebung entfernen wollen.

Love Remedies sind Energie und Schwingung. Deshalb können wir sie einsetzen, um die Energie eines Ortes positiv zu beeinflussen. Sie klären, beruhigen oder schützen uns und die Orte, die wir besuchen und bewohnen. Dies geschieht, indem wir die Orte spirituell reinigen.

Spirituelle Reinigung

Spirituelle Reinigung löst negative Schwingungen auf. Es ist genauso wichtig, unsere Wohnung und den Arbeitsplatz spirituell zu reinigen, wie wir das mit unserem Körper tun.

Wohl jeder hat sich schon einmal beim Besuch in einem Haus unbehaglich gefühlt. Oder man hat einen Menschen getroffen, den ein Hauch von Unglück, Aggression oder Schwere umgab. Die ursprüngliche Atmosphäre von Frieden und Harmonie im eigenen Heim kann z.B. durch Erschütterungen verlorengehen, die durch familiäre Auseinandersetzungen verursacht werden. In Hotelzimmern hat man oft unangenehme Gefühle und Träume. Können Sie sich vorstellen, wie viele Menschen in diesem Bett geschlafen haben? So mancher von ihnen dürfte hier emotionale Lasten zurückgelassen haben.

Wenn wir diesen Schwingungen begegnen, können sie subtil unsere Stimmung beeinflussen. Es ist wichtig, unser Heim und uns selbst von diesen unangenehmen Schwingungen zu reinigen und uns vor ihnen zu schützen. Seit Hunderten von Jahren werden Pflanzenextrakte wie Angelika, Weihrauch und Johanniskraut eingesetzt, um Haus und Mensch vor „bösen Geistern" zu schützen. Räume, die für Konsultationen oder eine Form der Heilung benutzt werden, sollten regelmäßig spirituell gereinigt werden. Disharmonische Schwingungen wirken störend auf unsere Emotionen und schaffen Angst, Zorn, Unzufriedenheit oder Haß. So kann langfristig Krankheit entstehen.

Liebe ist die kraftvollste Energie in unserem Leben. Liebe heilt, und sie reinigt. Eine Möglichkeit, mit Liebe zu heilen, ist die Anwendung der Love-Remedy-Umweltsprays. Ihre Energie stärkt, reinigt und schützt unsere Gesundheit und unser Heim vor negativen Umwelteinflüssen.

Die Umweltsprays

Um den Streß unseres modernen Stadtlebens reduzieren zu können, wurden die Umweltsprays geschaffen. Viele Menschen suchen nach einer Verbindung mit dem Energiefluß unserer Mutter Erde. Dieser Einklang mit der Erde durch die Anwendung von Love Remedies, kombiniert mit viel innerer Arbeit, ermöglicht unserer Seele, sich zu entwickeln. Die

Umweltsprays enthalten eine Mischung aus Love Remedies, Aroma-Ölen, Meerwasser und Blütenwasser. Diese Mischung wirkt gegen negative Schwingungen und belebt die Mikroatmosphäre. Alle Sprays können für Räume und auch zum Besprühen der eigenen Aura benutzt werden.

Die Umweltsprays sind in drei Mischungen erhältlich:

~ Purification (Reinigung)

Inhalt: Rosenwasser, Meersalz, Love Remedies (Angelica, Fig, Rosemary, Tea Tree, Worrai), Aroma-Öle (Orange, Zedernholz, Zitronengras, Wacholder, Weihrauch, Myrrhe, Zimt)

Reinigt und harmonisiert die Aura bei Konflikt und Chaos.

Mit diesem Spray werden Orte der Heilung und Meditation vorbereitet. Neue Räumlichkeiten, Klassenzimmer und Hotelzimmer können damit spirituell gereinigt werden.

~ Protection (Schutz)

Inhalt: Rosenwasser, Meersalz, Love Remedies (Angelica, Bay Yarrow, Rosemary, Fig) und Aroma-Öle (Orange, Zedernholz, Zitronengras, Wacholder, Weihrauch, Myrrhe, Zimt)

Das Protection-Spray erfüllt den Anwender und seine Umgebung mit einem Gefühl von Geborgenheit und Sicherheit. Dies ist insbesondere nach einer spirituellen Reinigung sinnvoll. Das Protection-Spray bietet sich an für den Arbeitsplatz und jeden Raum, der als Zufluchtsort empfunden wird.

Das Besprühen der Aura mit Protection-Spray ist besonders angebracht vor Therapiearbeit, Meditation, oder bevor man sich in angespannte Situationen, Menschenmengen oder an unbekannte Orte begibt.

⟨⟩ Healing (Heilung)

Inhalt: Rosenwasser, Meersalz, Love Remedies (Angelica, Guava, Olive, Papaya, Waratah), Aroma-Öle (Orange, Zedernholz, Zitronengras, Wacholder, Weihrauch, Myrrhe, Zimt)

Die stärkenden Energien des Heilungssprays fördern emotionale und körperliche Heilung von Mensch und Umwelt. Sprühen Sie es in Ihre Aura, oder verwenden Sie es in Zimmern, in denen sich Kranke aufhalten.

Reinigen eines Raumes

Die positiven Schwingungen in Ihrem Heim oder am Arbeitsplatz können Sie auf verschiedene Arten bewahren oder verbessern. Hierzu gehören frische Blumen, Aroma-Öle, Gebet oder andere einfache Mittel, um negative Energien zu absorbieren. Besonders das Meersalz ist hier wichtig. Es ist in Kombination mit den Love Remedies sehr effektiv bei einer gründlichen spirituellen Reinigung.

Die Hauptaufgabe eines jeden Therapeuten ist das Ausgleichen unbalancierter Energien. Deshalb ist es wichtig, Therapieräume öfter spirituell zu reinigen, als dies in einer Wohnung erforderlich wäre. Das Meersalz in einer Praxis sollte bei regem Patientenbesuch täglich erneuert werden. Zuhause oder im Büro reicht ein Salzwechsel pro Woche. Am besten gibt man das Meersalz in große Muscheln – seine natürliche Umgebung. Aber auch Glas- oder Porzellanschüsseln können benutzt werden. Vermeiden Sie jedoch Metallbehälter. Das Metall zieht die Energien an, die Sie eigentlich entfernen wollten, und speichert sie obendrein.

Wenn das Meersalz seinen Reinigungszweck erfüllt hat, sollten Sie es am besten in der Erde vergraben oder ins Meer werfen. Wenn dies für Sie unpraktisch ist, können Sie das Salz auch durch die Toilette entsorgen.

Einen Raum können Sie so reinigen:

1. Sprühen Sie das Protection-Spray in Ihre Aura.
2. Zünden Sie eine weiße Kerze an.
3. Spielen Sie sanfte Heilungsmusik.

4. Stellen Sie zwei Behälter mit Meersalz in gegenüberliegenden Ecken eines Raumes auf. (Falls möglich, plazieren Sie auch unter dem Bett oder unter der Massageliege einen Meersalz-Behälter.)
5. Versprühen Sie Purification-Spray im Bereich Ihrer Zimmertür, Ihres Bettes oder der Massageliege.
6. Wenn Sie mit der spirituellen Reinigung fertig sind, waschen Sie Ihre Hände mit kaltem Wasser und verlassen Sie den Raum für ein paar Minuten, bis das Purification-Spray sich verteilt hat.

Nun ist Ihr Raum bereit für eine Heilungssitzung oder eine ruhevolle Nacht.

Einige Tips:

Zuhause: Versprühen Sie Purification-Spray im Schlafzimmer, bevor Sie schlafengehen.

In Hotelzimmern: Es ist ratsam, Raum und Bett mit Purification-Spray spirituell zu reinigen, dann eine Kerze anzuzünden und sanfte Musik zu hören, um Ihre eigene positive Atmosphäre zu kreieren.

In Pflegeheim- oder Krankenhauszimmern: Stellen Sie Behälter mit Meersalz in die Ecken des Raumes und möglichst auch unter das Bett, um die Energien von Krankheit und Chaos zu absorbieren. Wechseln Sie das Salz regelmäßig. Versprühen Sie das Healing-Spray im Eingangsbereich, in den Raum, über und um das Bett. Stellen Sie sich vor, daß Liebe und heilendes Licht den Raum erfüllt.

Für Therapeuten und Heiler: Es ist empfehlenswert, nicht nur den Raum spirituell zu reinigen. Das eigene Energiefeld sollte vor jedem neuen Klienten mit Protection-Spray besprüht werden. Das Purification-Spray sollte nach jedem Klienten zum Einsatz kommen. Dies verhindert die Energieübertragung von einem Klienten zum anderen.

Zur persönlichen Reinigung und Energetisierung: Sprühen Sie den Umweltspray so über Ihr Kronenchakra, daß der Spray wie ein Schleier über Ihr Gesicht, Ihren Hals und Ihr Herzchakra fällt.

Auramassage: Um Ihr eigenes Energiefeld zu reinigen und zu harmonisieren, können Sie auch Ihre Aura massieren. Diese umgibt Ihren Körper und erstreckt sich etwa einen halben Meter um Sie herum. Eine

Auramassage tut auch dem physischen Körper gut und kann ihn wieder in Balance bringen.

Nehmen Sie Ihre intuitiv ausgewählte Love Remedy zunächst wie gewohnt ein, dann träufeln Sie einen Tropfen der Love Remedy in Ihre Hand und verreiben ihn dann mit Ihren Handflächen, um die Schwingungen zu aktivieren.

Heben Sie Ihre Hände über Ihren Kopf. Die Handflächen zeigen nach oben. Nehmen Sie sich eine Minute Zeit, um diese Gabe der Liebe, die die Natur uns gegeben hat, an die ganze Welt, an Ihre Liebsten und an sich selbst zu schicken. Dann bewegen Sie Ihre Hände in Kreisen um Ihre Aura herum. Beginnen Sie damit einen halben Meter oberhalb Ihres Kopfes. Bewegen Sie Ihre Hände langsam hinunter zu Ihrem Nacken, über Ihre Stirn, hinunter zu Ihrer Kehle, über Ihr Herz und Ihren Solarplexus, bis herab zu Ihren Füßen.

Legen Sie Ihre Hände auf den Boden. Senden Sie Liebe aus. Ziehen Sie nun die Heilenergie der Erde mit hoch und beginnen Sie mit kreisenden Bewegungen um Ihre Aura, diesmal von unten nach oben. Nehmen Sie die Energie mit bis hin über Ihren Kopf. Halten Sie die Hände wieder mit den Handflächen nach oben über Ihren Kopf. Schicken Sie die Heilenergien an die ganze Welt, an Ihre Liebsten und an sich selbst.

Legen Sie nun Ihre Hände auf Ihr Herz. Schließen Sie Ihre Augen und atmen Sie dreimal tief durch. Nehmen Sie sich Zeit, die Liebe und den Frieden in sich zu fühlen.

Wenn Sie diese Gefühle in sich aufgenommen haben, öffnen Sie die Augen und bedanken sich für die Gaben der Natur.

Beschließen Sie die Auramassage mit einem Umweltspray Ihrer Wahl. Sprühen Sie es über Ihren Kopf, so daß der Spray sich sanft wie ein Schleier über Ihr Gesicht legt.

Einfache Meditationstechniken

„Der Geist der an nichts haftet, wird weit wie der Himmel, in welchem die Wolken vorbeiziehen. Eine große innere Freiheit verwirklicht sich."

Laotse

DIE QUALITÄT UNSERES täglichen Befindens in einem schnellebigen und häufig streßgeplagten Umfeld hängt in erheblichem Maß von unserer Fähigkeit ab, gelegentlich - oder besser: regelmäßig - etwas Zeit für uns selbst, für Ruhe und Besinnlichkeit zu finden und darüber hinaus den Blick auf unser Potential zu richten, auf das, was wir sind, und das, was wir sein könnten.

Die Frage ist: Wie werde ich der, der ich wirklich sein will; wie werde ich der, der ich wirklich bin?

Die heilende und zugleich aufbauende Kraft der Stille, die wir in meditativen Momenten erfahren, war schon zu allen Zeiten in allen Kulturen bekannt.

Die Stille ist es, die unseren Blick schärft für das, was an verborgenen Talenten und Fähigkeiten in uns steckt.

Ausgerechnet heute, wo wir diese Zeit des Aufladens und der Klärung nötiger denn je brauchen, scheinen Entspannungsrituale vergessen zu sein. Erst seit wir in letzter Zeit mit der Erforschung von Entspannungsmethoden begonnen haben und sich die vielfältigen positiven gesundheitlichen Auswirkungen dieser Übungen und Rituale wissenschaftlich belegen lassen, greifen immer mehr Menschen auf dieses uralte Wissen um die Kraft der Ruhe und Stille zurück.

Durch verschiedene Körper- und Atemtechniken lassen sich außergewöhnliche Emotionsebenen erinnern und neue - eigentlich altbekannte - Dimensionen des Bewußtseins sowie innere Kraftquellen erschließen.

Die Techniken sind je nach Zielsetzung recht unterschiedlich, jedoch geht es immer um einen meditativen Zustand, also die temporäre gedankliche Ablösung von der Umgebung, das Loslassen des Alltags und die Versenkung in der eigenen Individualität.

Je mehr wir zu uns selbst vorstoßen und Bereiche unseres Ichs wiederentdecken, desto stärker fühlen wir unsere Verbundenheit und Einheit mit der Natur, der Göttlichkeit, dem Universum. Je tiefer wir in uns selbst vordringen, desto näher kommen wir auch der treibenden Kraft, die uns erschaffen hat und die uns nach Fortentwicklung und Reifung streben läßt. So schüren wir eine „intuitive Klarheit", die uns unser Potential, unsere verborgenen Talente und Möglichkeiten erkennen läßt und uns Kraft gibt, diese zur Entfaltung zu bringen.

Indem wir über die Meditation unser Selbst neu entdecken und ein erweitertes Bewußtsein für unsere körperlichen und emotionalen Funktionen entwickeln, stärken wir auch die Kraft unserer Intuition. Die Intuition ist die eigentliche Quelle des Fortschritts und der Weiterentwicklung. Sie ist die Stimme der Natur, der Schöpfung, aus ihr sprudelt unser natürliches Wissen, sie ist die eigentliche Kraft, die uns zum Guten lenkt. Nutzen wir diese Quelle, so sind wir eins mit der Natur und handeln in ihrem Sinne.

Erkennen wir diese Zusammenhänge, so finden wir zu einer Ausstrahlung, die geprägt ist von innerem Frieden und Glück. Dies ist ein Zeichen eines Lebens in Harmonie mit der Natur. Diese Harmonie wird sich schnell auch um uns herum ausbreiten. Damit werden sich automatisch die Beziehungen zu anderen Menschen positiv verändern, und neue Menschen, die sich in ähnlicher Weise weiterentwickeln, werden sich von uns angezogen fühlen.

Durch unterschiedliche Techniken wird versucht, das Uhrwerk der Gedanken weitestgehend abzuschalten, um Zugang zu tieferen Bewußtseinsebenen zu erhalten. Dort erlangen wir eine Idee des uns innewohnenden individuellen Potentials. So können wir zu dem werden, der wir eigentlich sind.

Die folgenden einfachen Meditationsformen können selbständig durchgeführt werden.

⟨ornament⟩

Die Meditationen sollten möglichst genau 20 Minuten dauern. Am besten einmal am Tag immer zur gleichen Uhrzeit, am gleichen Ort, in der gleichen Sitzhaltung.

Atemmeditation

Suchen Sie sich Ihren Lieblingsplatz aus und setzen Sie sich in einer bequemen Sitzhaltung im Schneidersitz auf ein Kissen oder auf ein Sofa. Falls Sie bisher keine Erfahrung mit Meditation haben, suchen Sie sich einen Platz, an dem Sie sich hinten anlehnen können. Machen Sie es sich bequem, atmen Sie einmal tief durch und schließen Sie die Augen. Konzentrieren Sie sich nun mit all Ihrer Aufmerksamkeit ausschließlich auf Ihren Atem. Atmen Sie tief durch die Nase ein und zählen Sie dabei bis fünf. Dann atmen Sie durch den Mund langsam aus und zählen bis sechs. Achten Sie nun beim Wiederholen dieser Form der Atmung auf den regelmäßigen Fluß zwischen tiefem Einatmen (bis tief hinein in den Bauch) und langsamem bewußtem Ausatmen. Diese Übung sollten Sie täglich für etwa 20 Minuten ausführen. Sie werden dabei merken, wie sich Ihr Geist entspannt, wie sich die Seele beruhigt und ein Gefühl von Klarheit und Bewußtheit von Mal zu Mal verstärkt.

Kerzenmeditation

Beginnen Sie wie bei der Atemmeditation mit einer bequemen Sitzhaltung. Stellen Sie nun eine Kerze in etwa 1 m Abstand vor sich hin. Wählen Sie einen schönen und passenden Platz für die Kerze und zünden Sie sie an.

Schauen Sie nun in das Licht der brennenden Kerze und kneifen Sie die Augen dabei leicht zusammen. Dann schließen Sie langsam die Augen, während Sie gleichmäßig tief ein- und ausatmen. Versuchen Sie sich das Licht der Kerze vor dem geistigen Auge vorzustellen. Sehr schnell werden Sie ein Gefühl für die Wärme und das Licht der Kerze verspüren.

Lassen Sie nun die Wärme und das Licht langsam durch Ihren Körper wandern. Stellen Sie sich vor, wie der warme Strahl der Kerze jede Zelle Ihres Körpers erwärmt und mit Licht durchdringt. Ein Gefühl von Wohlbefinden und zunehmender Stärke wird sich in Ihrem Körper ausbreiten. Ihr Geist wird sich erhellen, und Ihr Gesicht wird beginnen zu strahlen.

Blütenmeditation

Sie suchen sich in der Natur eine blühende Pflanze und setzen sich bequem im Schneidersitz vor die Pflanze hin und versenken sich in die Betrachtung der Pflanze und ihrer Blüten. Sie lassen sich zunehmend verzaubern von der Schönheit der Pflanze, bewundern und achten die Perfektion ihrer Schöpfung.

Plötzlich spüren Sie, wie etwas zu fließen beginnt. Um so mehr Sie der Pflanze ihre Aufmerksamkeit und Achtung schenken, desto stärker „bedankt" sie sich mit einer lebendigen erquickenden Energie, die Sie fortan immer stärker verspüren. Sie schenken Achtung und Liebe und bekommen gleiches immer deutlicher spürbar zurück! Eine atemberaubend effektive Meditation.

Das Besondere: Letztlich ist es Ihre eigene Schönheit, die Sie nun durch die Pflanze vermittelt bekommen. Es ist Ihre eigene Schönheit und Kraft, die Sie reflektiert bekommen.

Mantrameditation

In Indien ist es üblich, daß bestimmte Gesänge oder Laute (wie das Mantra „Om") leise gesummt werden, um damit Körper und Geist in entspannende Schwingung zu versetzen. Für unseren Gebrauch müssen wir jedoch nicht auf eine andere Kultur oder Sprache zurückgreifen. Überlegen Sie sich einen eigenen wohltuenden Satz, eine Affirmation, die sich für Sie gut anfühlt, z.B. „Ich achte und liebe mich" oder „Gott liebt mich".

Diesen Satz wiederholen Sie in Gedanken für die gesamte Dauer der Meditation.

Liebesmeditation

Dies ist eine der wichtigsten Meditationen für strahlende Gesundheit und Lebenskraft.

Sie konzentrieren sich in entsprechender meditativer Sitzhaltung und mit regelmäßiger Atmung auf eine Situation in Ihrem Leben, in der Liebe floß, und versuchen diese Emotion in sich wachzurufen.

Dies bedarf am Anfang oftmals konzentrierten Nachdenkens, z.B. über ein Weihnachtserlebnis in der Kindheit, die Geburt eines Kindes, ein Urlaubserlebnis, einen Liebestraum oder einen Moment mit einem Partner. Gelingt es, solch einen Augenblick gedanklich „einzufangen", so daß für Augenblicke ein Gefühl von tiefer grenzenloser Liebe spürbar ist, dann sollten Sie beginnen, diese Emotion „Liebe" wie einen warmen Lichtstrahl durch den Körper auf und ab wandern zu lassen. Jede Zelle darf von diesem Strahl berührt werden.

Gelingt es, nicht nur den Gedanken, sondern auch die Emotion zu erspüren und den Körper durch sie erstrahlen zu lassen, so ist dies ein Gefühl grenzenloser Glückseligkeit und tiefster Harmonie.

Sind Sie krank, so dürfen Sie sich erlauben, diese Liebe in das erkrankte Organ hineinfluten zu lassen und es so in einen Gesundungsprozeß hineinzuführen.

In der Liebesmeditation lernt man die Liebe für sich selbst neu zu entdecken und durch sie den Körper in Gesundheit und Wohlbefinden erstrahlen zu lassen.

Chakrenzuordnungen

DIE LOVE REMEDIES und Love-Remedy-Blends lassen sich bestimmten Chakren zuordnen. Wenn Sie eine Love Remedy ausgewählt haben, die sich auf ein bestimmtes Chakra bezieht, dann ist dieses wahrscheinlich nicht ausgeglichen.

Die Blütenfarben passen jeweils zu den Farben der Chakren. Wenn also z.B. die Blütenfarben der ausgewählten Love Remedies Indigo und Rosa sind, könnte es sein, daß Sie das Verstehen vom Herzen aus und das intellektuelle Verstehen verbessern sowie die Verbindung zwischen beiden stärken sollten. Sie können auch einige Zeit in Stille mit Ihrer Love Remedy verbringen; vielleicht fühlen Sie, welche Körperregion durch die Essenz beeinflußt wird.

Wenn Sie das betroffene Chakra kennen, können Sie den Effekt der Love Remedy verstärken, indem Sie den entsprechenden Ton chanten oder das Chakra visualisieren.

Wurzelchakra

Das Wurzelchakra befindet sich am untersten Ende des Rückgrates. Bei diesem Chakra geht es um Erdung und körperliches Überleben. Ist dieses Chakra gesund, dann energetisiert es uns, gibt uns Sicherheit und stärkt unseren grundlegenden sexuellen Instinkt. Es ist für die Regulierung der festen Bestandteile des Körpers verantwortlich, für Zähne, Knochen und Nägel. Körperliche Schwäche kann von einer Blockade im Wurzelchakra herrühren. Es beeinflußt die Sexualdrüsen, Hoden und Eierstöcke. Bei einer Unterfunktion dieses Chakras kann man sich alleine und nicht unterstützt fühlen. Der Geruchssinn wird mit diesem Chakra assoziiert.

Element: Erde
Farbe: Rot
Ton: LAM
Zum Massieren des Chakras:
 Frauen: Waratah
 Männer: Bottle Brush
Love-Remedy-Blends: Sexuality, Feminine, Masculine, Spirituality

Sexualchakra

Das Sexualchakra befindet sich eine Handbreit unterhalb des Nabels. Es ist das Zentrum der Kreativität, der Emotionen, der Sehnsüchte, von Freude und sexueller Energie. Dieses Chakra bezieht sich auf die flüssigen Bestandteile des Körpers: Menstruation, Urin, Samen und die Flüssigkeiten im Darm. Unzureichende Flüssigkeitsmengen im Körper können zu Übersäuerung und Arthritis führen. Zu wenig Energie in diesem Chakra kann zu sexuellen Disharmonien führen, zu blockierter Kreativität und emotionaler Unausgewogenheit. Zu diesem Chakra gehört der Geschmackssinn.

Element: Wasser
Farbe: Orange
Ton: VAM
Zum Massieren des Chakras:
 Frauen: She Oak Female
 Männer: She Oak Male
Love-Remedy-Blends: Sexuality, Feminine, Change, Spirituality

Solarplexuschakra

Das Solarplexuschakra liegt etwas oberhalb des Nabels. Es ist das Zentrum des Willens und persönlicher Macht. Es beeinflußt die Nebennieren, das Nervensystem, die Verdauung und Verwertung der Nährstoffe, den Blutkreislauf und unsere Stimmung. Ein ausgeglichenes Solarplexuschakra sorgt für Selbstbewußtsein, Respekt für sich selbst und ein gesundes Akzeptieren anderer, so wie sie sind. Es sorgt auch für Vertrauen in die eigene Intuition.

Element: Feuer
Farbe: Gelb/Gold
Ton: RAM
Zum Massieren des Chakras:
    Frauen: Silky Oak
    Männer: Sunshine Wattle
Love-Remedy-Blends: Anti-Streß, Rescue, Change, Inner Peace

Herzchakra

Das Herzchakra befindet sich in der Mitte der Brust, auf der Höhe des Herzens. Es ist das Chakra der Liebe und des Mitgefühls. Es drückt unbedingte Liebe aus, die uns mit dem Universum verbindet. Es ist das Bindeglied zwischen Körper und Geist und verbindet uns mit unserem höheren Selbst. Es beeinflußt die Thymusdrüse, die für das Immunsystem wichtig ist. Mit dem Herzchakra ist der Tastsinn verbunden.

Element: Luft
Farbe: Grün/Rosa
Ton: YAM
Zum Massieren des Chakras:
    Frauen: Lantana
    Männer: Angelica
Love-Remedy-Blends: Compassion, Happiness, Inner Peace, Self-love, Spirituality

Kehlkopfchakra

Das Kehlkopfchakra steht für das Vermögen, sich selbst, Wahrheit und Kreativität auszudrücken. Es beeinflußt die Schilddrüse und ist für den

Stoffwechsel verantwortlich. Unausgeglichenheiten dieses Chakras können zu Kommunikationsschwierigkeiten führen, und dazu, daß man seine eigene Wahrheit nicht lebt. Das Kehlkopfchakra wird mit Tönen und Klängen assoziiert.

Element: Äther
Farbe: Blau
Ton: HAM
Zum Massieren des Chakras:
    Frauen: Plumbago
    Männer: Guava
Love-Remedy-Blends: Change, Confidence, Self-love, Happiness

Stirnchakra

Das Stirnchakra, auch Drittes Auge genannt, befindet sich in der Mitte der Stirn, knapp über den Augenbrauen. Dieses Chakra bezieht sich auf den Intellekt, auf Verstehen, aber auch auf Hellsichtigkeit und übersinnliche Fähigkeiten. Zum Stirnchakra gehört die Zirbeldrüse. Es wird mit dem höheren Selbst und der Intuition assoziiert.

Element: keines.
(Seine Schwingungen sind höher als körperliche Manifestationen.)
Farbe: Indigo
Ton: AUM
Zum Massieren des Chakras:
    Frauen: Pigface
    Männer: Bush Fuchsia
Love-Remedy-Blends: Focus, Feminine, Spirituality, Wisdom

Kronenchakra

Das Kronenchakra befindet sich am höchsten Punkt des Kopfes. Es verkörpert unsere Spiritualität und verbindet uns mit unserer Lebensenergie.

Es ermöglicht uns, höchste Weisheit zu erfahren und weit über die Grenzen des Verstandes hinaus vorzustoßen. Es ist mit der Hirnrinde verbunden, die sämtliche Vorgänge in unserem Körper steuert. Das Kronenchakra öffnet sich während des Gebetes und der Meditation. Bei spirituell hochentwickelten Menschen ist es immer geöffnet. Blockaden treten auf, wenn wir unser spirituelles Potential nicht leben oder Angst vor Weiterentwicklung haben.

Element: keines.
(Seine Schwingung ist reiner Geist.)
Farbe: Violett
Ton: AUM
Zum Massieren des Chakras:
    Frauen: Wedding Bush
    Männer: Worrai
Love-Remedy-Blends: Inner Peace, Happiness, Spirituality, Wisdom

Symptomregister

Aggressionen, Zorn, Mißgunst, Verbitterung, Haß, Neid, provokatives Verhalten, Launenhaftigkeit.

Unterdrückte Aggressionen sind ein häufiger Grund von Krankheiten. Es ist wichtig, diese Emotion akzeptieren und loslassen zu können. Aggression ist eine Form der Hilflosigkeit und selbstzerstörerisch. Aggressionen führen zu einem Teufelskreis, da wir Dinge tun und sagen, die wir normalerweise nicht tun oder sagen würden.

Love Remedy: Everlasting, Dagger Hakea, Mountain Devil, Mistletoe, Sensitive Plant, She Oak (Male und Female), Silky Oak, Stinging Tree.

Affirmation: Ich bin offen für Veränderung.

Angst, Versagen, Unsicherheit, Schüchternheit, Widersprüchlichkeit, Panik, Angst vor Ablehnung und Verletzung, Isolation, Verlustängste, Abhängigkeit.

Wo Liebe ist, ist keine Angst – wir haben die Wahl. Wir haben Angst, unser wahres Selbst zu zeigen und zu sagen, was wir wirklich wollen. Unsere Ängste aus der Vergangenheit blockieren unsere Fähigkeit, jetzt Liebe zu empfangen.

Love Remedy: Angelica, Ribbon Gum, Fan Flower, Dog Rose, Coral Tree, Grey Spider, Guava, Illawarra Flame Tree, Mistletoe, Tea Tree, Worrai, Fig, Sensitive Plant.

Affirmation: Ich bin sicher und beschützt.

Blockaden, Unfähigkeit, Gefühle als eigene Gemütsregungen zu erkennen oder sie zu zeigen, Mangel an Selbstvertrauen und Intuition, Ablehnung.

Blockaden verhindern, daß wir uns weiterentwickeln. Wir meinen oft, irgendwo festzustecken, irgendwo zu hängen - aber wir selbst sind es, die diese Blockaden schaffen. Blockaden können uns müde, lustlos und lethargisch machen. In diesen Zuständen vertrauen wir uns selbst nicht, haben Angst loszulassen und leben in der Vergangenheit, statt im Jetzt zu sein.

Love Remedy: Angelica, Pittosporum, She Oak Male, Grey Mangrove, Papaya, Ribbon Gum, Sensitive Plant, Stinging Tree, Bush Fuchsia.

Affirmation: Ich kann loslassen.

Denken (überdrehtes), schlechtes Gedächtnis, Unfähigkeit, aus der Vergangenheit zu lernen, Konzentrationsschwäche, Mangel an Vertrauen, Geistesabwesenheit.

Unser Bewußtsein kontrolliert alle unsere Funktionen, selbst unsere Emotionen. Gedanken haben die Kraft, zu heilen und zu zerstören, aber wir können unsere Gedanken kontrollieren. Falsches Denken lebt in der Vergangenheit, klammert sich an negative Erlebnisse, kann nicht vergeben oder vergessen. Ein kranker Geist vermag nicht im Jetzt zu leben und die damit verknüpfte Freude zu erleben.

Love Remedy: Angelica, Fig, Lantana, Ribbon Gum, Tea Tree, Isopogon, Sunshine Wattle, Macadamia, Worrai.

Affirmation: Ich kann mich auf das Jetzt einstellen.

Depressionen, Niedergeschlagenheit, Melancholie, Selbstmordgedanken, Frustration, Verzweiflung, Mutlosigkeit, Hoffnungslosigkeit, Unzufriedenheit, Mangel an innerer Ruhe.

Depression ist eine unbewußte Strategie, um sich selbst zu schützen. Sie ist ein Bewußtseinszustand, der uns davon abhält, unerwünschte Emotionen fühlen zu müssen, z.B. Wut, Angst oder Traurigkeit.

Love Remedy: Angelica, Grey Mangrove, Lantana, Old Man Banksia, Waratah, Silky Oak, Wild Rose, Stinging Tree, Fan Flower, Guava, Sensitive Plant, Mistletoe, Papaya, She Oak Male.

Affirmation: Ich bringe Freude und Sinn in mein Leben.

Egoismus, Rücksichtslosigkeit, mangelndes Interesse an anderen, selbstsüchtig, egozentrisch, arrogant, herrisch.

Bei Egoismus geht es um Selbstbezogenheit. Die Wörter „ich", „mich" und „mir" werden häufig benutzt, und wir reden viel über uns selbst. Wir zeigen wenig Rücksicht und Interesse für andere.

Love Remedy: Coral Tree, Everlasting, Lantana, Stinging Tree, Silky Oak, Mountain Devil.

Affirmation: Ich bin empfänglich für andere.

Eifersucht, Neid, leicht verletzbare Gefühle, nachtragend, Mißtrauen, das eigene Leiden genießend.

Eifersucht hängt mit einem niedrigen Selbstwertgefühl und fehlender Selbstliebe zusammen. Mißtrauen kann entstehen, wenn man ausgenutzt und verletzt wird. Neid kann auch das Selbstwertgefühl vermindern.

Love Remedy: Pigface, Ribbon Gum, Silky Oak.

Affirmation: Ich kann vertrauen.

Körperliche Schwäche, Erschöpfung, Ermüdung, Vitalitätsmangel, Desinteresse an Liebe und Nähe, Schlaflosigkeit.

Erschöpfung kann mit emotionalem oder körperlichem Burn-out zusammenhängen. Wir neigen dazu, hart zu uns selbst zu sein und immer etwas erreichen zu wollen. Wir finden es schwierig, uns zu entspannen und Zeit für uns selbst zu finden.

Love Remedy: Pittosporum, Fig, Banana, Plumbago, She Oak Male, Tea Tree, Cherry, Everlasting, Guava.

Affirmation: Ich bin voller Vitalität.

Kommunikationsschwäche, Partnerschaftsprobleme, Schüchternheit, keine Liebe verspüren, Kritiksucht, Probleme mit Geben und Nehmen, Intoleranz, Verlust der emotionalen Selbstkontrolle, Vorurteile, Verschlossenheit.

Kommunikationsschwierigkeiten kommen häufig von Schüchternheit und niedrigem Selbstbewußtsein. Wir können uns nicht so ausdrücken, wie wir gerne würden, und sind in Gemeinschaft mit andern nervös. Vielleicht vermeiden wir den Kontakt mit andern Menschen. Vielleicht haben wir auch Angst, zurückgewiesen zu werden, oder wir versuchen, zu anderen um jeden Preis freundlich zu sein. Wir neigen dazu, anderen die Führung zu überlassen, und sind dadurch nicht wirklich wir selbst.

Love Remedy: Ribbon Gum, Grey Mangrove, Mistletoe, Sensitive Plant, Passion.

Affirmation: Ich kann mich frei ausdrücken.

Nervosität, Streß, Sorge, Lernschwierigkeiten, Konzentrationsmangel, unruhig und zappelig, Frustration.

Nervöse Spannungen können auftreten, wenn man immer in Sorge ist – sei es um andere oder Dinge in der Zukunft. Ein besorgter und unruhiger Geist findet es schwierig, das Jetzt zu genießen.

Love Remedy: Angelica, Everlasting, Guava, Sensitive Plant.

Affirmation: Ich bin im Frieden mit meinen Gedanken.

Schock, Traurigkeit, quälende Gedanken, gebrochenes Herz, Einsamkeit, emotionale Verletzung, Trauer, Panik, Trauma, Nervenzusammenbruch, Unfall.

Manchmal braucht ein Schock einen Schock, damit der Normalzustand wieder einkehrt.

Love Remedy: Angelica, Mistletoe, Worrai, Grey Mangrove, Manna Gum, Waratah, Sunshine Wattle, Tea Tree, Sensitive Plant.

Affirmation: Ich bin.

Schuldgefühle, unterdrückte schmerzliche Gefühle wegen Dingen, die man anderen in der Vergangenheit angetan hat, das Gefühl, immer etwas falsch zu machen.

Schuldgefühle hängen oft mit Selbstbestrafung zusammen. Wir bestrafen uns für etwas, das wir in der Vergangenheit falsch gemacht haben. Oder wir können nicht „nein" sagen, ohne uns schuldig zu fühlen. Wenn wir aber vergeben, ist keine Schuld mehr.

Love Remedy: Angelica, Cherry, Grey Mangrove, Ribbon Gum, Macademia, Olive, Plumbago.

Affirmation: Ich vergebe mir selbst.

Sexuelle Probleme, Impotenz, Frigidität, Gefühle der Unzulänglichkeit, Scham, überbetonter Geschlechtstrieb, Trauma nach sexuellem Mißbrauch.

Sexuelle Probleme wurzeln oft in Angst – Angst einer Frau, schwanger zu werden, Angst eines Mannes vor Impotenz. Sexuelle Probleme entstammen oft unserem Denken und können religiöse oder kulturelle Hintergründe haben.

Love Remedy: Cherry, Coral Tree, Worrai, She Oak (Male und Female) Pittosporum, Fig, Sensitive Plant, Grey Mangrove, Mistletoe.

Affirmation: Ich umarme meine Sexualität.

Selbstablehnung, Mangel an Selbstvertrauen, Selbstliebe und Selbstachtung, Schwierigkeiten beim Annehmen von Anerkennung, Minderwertigkeitskomplex, Selbsthaß, Schuldgefühle, Selbstverleugnung.

Jeder von uns hat mit dem zerstörerischen Muster der Selbstablehnung zu kämpfen. Selbstliebe und Selbstannahme im Jetzt sind die Schlüssel zu Veränderung, Selbstsicherheit und geistigem Frieden.

Love Remedy: Angelica, Fig, Cherry, Stinging Tree, Everlasting, Grey Mangrove, Ribbon Gum, Silky Oak, Passion.

Affirmation: Ich nehme mich an und liebe mich, so wie ich bin.

Streß, Unbehagen und Konflikt, Ungeduld, mangelnde Widerstandskraft, Ziellosigkeit, Unsicherheit, Unzuverlässigkeit, Überempfindlichkeit.

Das Leben wird zu einem emotionalen Schlachtfeld, wenn wir im Streß sind. Streß entsteht durch eine Anhäufung negativer Emotionen und negativer Verhaltensmuster. Vielleicht sind wir durcheinander, drehen uns im Kreis oder kriegen nichts auf die Reihe.

Love Remedy: Angelica, Mistletoe, Worrai, Grey Mangrove, Manna Gum, Waratah, Sunshine Wattle, Tea Tree, Sensitive Plant.

Affirmation: Ich bin ruhig.

Veränderung, Ablehnung von Veränderungen, Entscheidungsschwäche, unflexibel, störrisch, dickköpfig, ignorant, Wechseljahre, Pubertät, Midlife-crisis.

Veränderung bedeutet Wachstum und die Fähigkeit, neue Situationen anzunehmen. Fortschritt geschieht nie ohne Veränderung. Vielleicht haben wir Angst vor dem Unbekannten und trauen uns nicht, uns von bequemen, aber überflüssigen Abhängigkeiten zu lösen. Wir haben Angst loszulassen und hängen noch an Altem. Dadurch geben wir dem Neuen keinen Raum.

Love Remedy: Manna Gum, Lantana, Cherry, Fig, Sensitive Plant, Grey Mangrove, Mistletoe.

Affirmation: Ich bin offen für Veränderung und nehme sie an.

Love Remedies auf einen Blick

Die Heilkraft der Love Remedies ist bei der Behandlung von Krankheiten und den damit verbundenen Emotionen besonders wirkungsvoll.

Mit der Stepanovs-Methode wird nichts zerstört, nur um den Menschen zu helfen.

Die Blüte wird nicht von der Pflanze abgeschnitten und kann nach der Abgabe der Alphaessenz ihren natürlichen Kreislauf vollenden.

Die Alphaessenz ist Wasser, welches vom Wurzelwerk der Pflanze aus großer Tiefe gehoben und gefiltert wird.

Die Alphaessenz hat nur die Erinnerung dieser Pflanze und ihres spezifischen Ortes.

Die nach der Stepanovs-Methode hergestellte Alphaessenz ist ausschließlich ein pflanzenspezifischer Auszug.

Die Alphaessenz stammt von Pflanzen, die leben und sich nicht in einer ersten Phase des Absterbens befinden. Auf diese Weise wird die Lebensenergie des Ursprungs extrahiert und die Qi-Energie der spezifischen Pflanze gespeichert.

Diese neue sanfte Herstellungsmethode schadet der Pflanze in keiner Weise. Diese Methode stört die Lebensenergie, das Gleichgewicht und die Harmonie der Pflanze nicht, die uns dafür das reinste Elixier, die Alphaessenz, mit Liebe gibt.

Das größte Geschenk, das wir haben, ist die LIEBE!

Die Essenzen der Liebe wollen der Menschheit helfen, auf den Weg der Liebe zurückzukehren. Die Liebe ist die größte Heilerin. Wenn wir Selbstliebe gefunden haben, erlangen wir inneren Frieden. Dadurch können wir auch den Weltfrieden und den Frieden zwischen allen Wesen fördern.

Dr. med. Ingfried Hobert, Juta Stepanovs, Harald W. Tietze

Autoren

Harald W. Tietze ist Forscher, Lehrer und Autor von 25 Büchern über Gesundheit. Sie sind in 16 Sprachen übersetzt (u.a. auch auf deutsch: Kombucha – Gesund und fit mit dem Wunderpilz, erschienen bei mvg). Er ist in Deutschland geboren und aufgewachsen, lebt jedoch seit 20 Jahren in Australien. Von seinem Vater, der selbst ein Pflanzenkundiger war, lernte er viel über Kräuter und Blumen sowie deren heilkundliche Anwendung – sein späteres Lebensthema. Neben den Love Remedies interessiert sich Harald Tietze vor allem für das Pendeln und Erdenergien.

Von **Juta Stepanovs** stammt die in diesem Buch vorgestellte neue Methode, Blütenessenzen zu gewinnen. Mit der Stepanovs-Methode werden die 45 verschiedenen Essenzen der Love Remedies hergestellt. Juta Stepanovs ist Aromatherapeutin, Expertin für Wildkräuter und Autorin eines Buches über gesunde Haut. Sie führt ein eigenes Unternehmen, das Kräuterheilmittel herstellt. Durch ihr inneres Wachstum erlangte sie die Fähigkeit, intuitiv zu heilen, und begann dann, die Schwingungsmedizin zu erforschen und weiterzuentwickeln. Juta Stepanovs wichtigstes Anliegen ist es, Liebe und Frieden in dieser Welt zu verbreiten.

Dr. med. Ingfried Hobert ist als Allgemeinmediziner mit dem Schwerpunkt Naturheilkunde in Steinhude, Niedersachsen, tätig. Von ihm sind bereits mehrere Bücher erschienen (u.a. Gesundheit selbst gestalten. Wege der Selbstheilung und die fünf „Tibeter", erschienen bei Scherz). Er verbindet medizinisches Wissen mit Naturphilosophie und traditionellen Heilmethoden. Sein besonderes Augenmerk gilt der asiatischen Heilkunst, dem hawaiischen Huna und dem Schamanismus der pazifischen und australischen Kulturen. Dr. med. Ingfried Hobert hat das Ziel, das Beste aus Schulmedizin und alternativer Heilkunde zu einer neuen ganzheitlichen Heilkunst zu verbinden.

Bezugsquellen und weitere Informationen zu den Love Remedies

Bezugsquellen für die Love Remedies, die Love-Remdy-Blends und die Umweltsprays erhalten Sie von

Hans-Nietsch-Verlag
Poststr. 3
D-79098 Freiburg
Tel. 0761/296 69 30
Fax 0761/296 69 66
Internet: www.love-remedies.de
E-mail: info@nietsch.de

Informationen über die Wirkung der Love Remedies (Erfahrungsberichte, Studien etc.) erhalten Sie vom

Arbeitskreis zur Erforschung und Förderung traditioneller Heilverfahren
Ostenmeer 37
D-31515 Wunstorf 2
Tel. 05033/8914
Fax 05033/911 879
Internet: www.medicalparc.de
        www.love-remedies.com
E-mail: dr.hobert@medicalcity.de

Ausbildungstraining zum Intuitionstherapeuten

Haben Sie den Mut zu einem neuen faszinierenden Abenteuer! Geben Sie Ihrem therapeutischen Konzept eine besondere Qualität! Entdecken und entfalten Sie Ihre verborgenen Potentiale und werden Sie als Intuitionstherapeut zum wahren Heiler und Wegweiser für Suchende. Helfen Sie anderen, die Blockaden zu beseitigen, die sie daran hindern, mit Leichtigkeit, Freude und Begeisterung ihren Lebenssinn zu verwirklichen.

In einem neuen qualifizierten Ausbildungsweg zum Intuitionstherapeuten gilt es, uraltes Wissen über ganzheitliche intuitive Beratungsinstrumente und dem damit verbundenen „Hermetischen Weltbild" wiederzuentdecken. Diese Instrumente sind eine bereichernde Ergänzung zu den herkömmlichen Behandlungsmethoden. Sie helfen, komplexe Lebenssituationen und somatische Hintergründe objektiv in einem dahinter stehenden, z.B. nicht gelebten Lebensthema zu erfassen. Herkömmliche analytisch-intellektuelle Methoden lassen oftmals die Gesamtheit des Menschen und seiner Situation außer acht, weil sie aus den Erfahrungen des begrenzten Verstandes heraus agieren und mit begrenzendem Fachwissen operieren müssen!

Entdecken Sie deshalb in der Verbindung mit den LOVE REMEDIES in der Ausbildung zum Intuitionstherapeuten ergänzende neue Wege zum beraterischen und therapeutischen Erfolg!

Ausbildungsprogramm 2002 und 2003 erhalten Sie bei der

Akademie für Visionäre Medizin e.V.
An der Friedenseiche 5
D-31515 Steinhude am Meer
Tel. 05033/950 314
Fax 05033/1053
Internet: www.medicalcity.de
          www.love-remedies.com

Hier erhalten Sie auch Adressen von Therapeuten in Ihrer Nähe, die Sie für eine Behandlung mit Love Remedies konsultieren können.

Notizen

Notizen

Die Love-Remedy-Karten

Mit Hilfe der Love-Remedy-Karten können Sie Ihre persönlichen Essenzen der Liebe intuitiv auswählen.

Zur Vorbereitung: Schneiden Sie die 45 Karten aus. (Sie können die Karten im Copyshop auch laminieren lassen.)

Die Anwendung: Legen Sie die 45 Karten verdeckt auf einem Tisch aus und ziehen Sie intuitiv bis zu drei Karten.

Entdecken Sie wieder Ihre Kraft und folgen Sie Ihrer Intuition,
damit Sie eine neue Welt in sich selbst entdecken.
Folgen Sie Ihrer inneren Stimme, wählen Sie Ihre persönlichen Essenzen
und vertrauen Sie Ihrer Intuition. Die Essenzen, die Sie gewählt haben,
sind die richtigen für Sie zu diesem Zeitpunkt.

ANGELICA

BANANA

BLACK-EYED SUSAN

BOTTLE BRUSH

BUSH FUCHSIA

CHERRY

CORAL TREE

DAGGER HAKEA

DOG ROSE

EVERLASTING

FAN FLOWER

FIG

GREY MANGROVE

GREY SPIDER

GUAVA

ILLAWARA FLAME TREE

ISOPOGON

JACARANDA

KANGAROO PAW

LANTANA

MACADAMIA

MANNA GUM

MISTLETOE

MOUNTAIN DEVIL

OLD MAN BANKSIA

OLIVE

PAPAYA

PASSION

PIGFACE

PITTOSPORUM

PLUMBAGO

RED GREVILLEA

RIBBON GUM

SENSITIVE PLANT

SHE OAK FEMALE

SHE OAK MALE

Silky Oak

Slender Rice

Stinging Tree

Sunshine Wattle

Tea Tree

Waratah

Wedding Bush

Wild Rose

Worrai